As minhas receitas japonesas

MARI HIRATA

As minhas receitas japonesas

O PEQUENO PRAZER AO ALCANCE DE TODOS

PUBLIFOLHA

ao Josimar

COORDENAÇÃO DO PROJETO Publifolha
EDITOR-ASSISTENTE Rodrigo Villela
ASSISTENTE EDITORIAL Adriane Piscitelli
COORDENAÇÃO DE PRODUÇÃO GRÁFICA Soraia Pauli Scarpa
ASSISTENTE DE PRODUÇÃO GRÁFICA Mariana Metidieri

EDIÇÃO Palavra Social
CAPA E PROJETO GRÁFICO Mayumi Okuyama
FOTOS Claudio Wakahara
DIREÇÃO DE ARTE DAS FOTOS Emi Kawabata
REVISÃO Reynaldo Damazio e Luicy Caetano

Dados Internacionais de Catalogação na Publicação (CIP)
(Câmara Brasileira do Livro, SP, Brasil)

Hirata, Mari

As minhas receitas japonesas : o pequeno prazer ao alcance de todos / Mari Hirata. – São Paulo : Publifolha, 2008.

ISBN 978-85-7402-952-8

1. Culinária japonesa 2. Título.

08-09117 CDD-641.50952

Índices para catálogo sistemático:
1. Cozinha japonesa : Receitas : Culinária : Economia doméstica 641.50952

Os textos deste livro foram originalmente publicados na "Revista da Folha", entre janeiro de 2006 e fevereiro de 2008.

PUBLIFOLHA
Divisão de Publicações do Grupo Folha
Al. Barão de Limeira, 401, 6º andar
CEP 01202-900, São Paulo, SP
Tel.: (11) 3224-2186/2187/2197
www.publifolha.com.br

Sumário

Mari Hirata | por Nina Horta

Fui olhar nas minhas crônicas para achar a primeira vez que encontrei a Mari Hirata – nisei, nascida no Brasil e que na época morava na França. Foi numa aula de confeitaria, e vi que ela era ágil, intensa e sorridente. E que conversava bastante. Contava tudo, enquanto ensinava. Em cada lugar que mora aproveita para fundamentar suas noções de cozinha. Começou os estudos em Paris, freqüentou todos os cursos que pôde, e talvez por ser meio japonesa foi fazer um estágio no Japão, na confeitaria Toraya, responsável pelos doces da família imperial.

Lá, descobriu entre outras coisas a importância da cerimônia do chá e suas sutilezas. O professor pediu que ela olhasse para fora da sala e contasse o que via. "Bem, na minha frente tem um caquizeiro carregado de frutas verdes." Ao que o professor respondeu: "Então vamos fazer doces no formato de caquis, levemente rosados, para o chá de hoje. Há que se estar sempre um passo à frente da natureza".

A cozinha no Japão é misturada à tradição, à religião e à estética. É claro que a cada dia é preciso lutar para manter um pouco dessa perspectiva. O mundo inteiro globalizou-se e é sempre mais fácil cozinhar um pacotinho de macarrão de três minutos do que cismar durante horas sobre flores de cerejeira antes de colocar a água para ferver.

Adorei a Mari Hirata, assim, de amor à primeira vista. Estávamos no meio de franceses de narizes arrebitados e curvados sobre suas estrelas, mas percebi que ela é dessas que se importam, que querem que a comida seja boa e honesta e bonita e muito experimentada. E acredito que os franceses tão cheios de técnicas acreditam bastante nas técnicas do Japão, porque Mari Hirata está sempre com a agenda cheia de aulas para eles. O que me pareceu interessante. E fico observando... Onde terá aprendido toda a expressão corporal que usa nas aulas?

Isso é que não sei.Tem mãos de dedos compridos, de artista, e ao fazer um bolo "representa" os movimentos da farinha, do açúcar, se é que me entendem. Levanta os braços com as claras batidas, derrete-se com o açúcar, cresce com o cremor tártaro, liquefaz-se com a água que mistura às gemas. Bate o bolo com as alunas em movimentos sincopados de Olodum. Os auxiliares são a balança eletrônica, o termômetro, o medidor de pH, o forno elétrico na temperatura exata.

Nada de intuição na confeitaria. Ela é química, matemática, tudo na medida perfeita. Será? Pode até ser, mas o corpo e a expressão de Mari desmentem a hipótese. Vai nos ensinar a fazer o que há de mais fácil. "Vamos fazer um pão-de-ló ou pan di Spagna." Abre os braços como maestra do bolo. "É preciso entender o pan di Spagna", e a palavra-chave é esta. Entender. Ela compreende os ingredientes. Com a repetição perfeccionista das bases da confeitaria sabe o porquê de cada transformação, o significado maior ou menor das gemas e das claras, da leveza do açúcar.

Não tem o costume de viajar leve. Não. Traz presentes e ingredientes que assustam sobremaneira a alfândega. Vou lembrando meus presentes. Primeiro uma fôrma alta, justamente para o bolo que ensinara. Foi ficando atrevida. O segundo eram gafanhotos agridoces, inteirinhos, deliciosos, crocantes. O terceiro, meu sonho mais querido, o krill, o camarãozinho que as baleias comem e que parece será nossa comida depois que tivermos matado todos os bichos da Terra. Não me amarrei especialmente neles, muito molengas porque estavam em conserva, mas com Mari por perto nem fome passaremos no fim dos tempos. Ah, não são só presentes, recebemos também os ingredientes que não achamos aqui e seu maravilhoso fermento de figos secos de onde saem pães perfeitos.

O que quer a Mari nos ensinar com este livro? Acredito que dentro da simplicidade da comida japonesa é obrigatório que os ingredientes revelem sua pureza, mas não é preciso ser muito apegado ao *terroir* onde crescem as melhores coisas. Seria bom, mas às vezes é impossível. Então, é aprender, como ela faz, o que se come naquela região. Que pode ser o Brasil. E usar o espírito japonês, desdobrar a sua criatividade, respeitar o alimento, tentar lembrar na arrumação do prato de onde veio aquele ovo azul, aquela flor de abóbora e enfeitar o peixe com uma folhinha que caía sobre o ribeirão onde ele foi pescado. Quer nos ensinar a ser assim uma outra Mari Hirata, metade japonesa, metade brasileira, e muito, muito feliz dos dois lados.

Apresentação

Vou começar contando um pouco sobre minha vida japonesa. Já faz 25 anos que cheguei pela primeira vez ao Japão. Tinha 24 anos, a maior parte passada no Brasil e alguns anos em Paris. Talvez tenha sido a idade ideal, não me tornei uma completa japonesa, mas tampouco uma exilada; sinto-me hoje mergulhada na sociedade japonesa na justa medida.

Aqui é difícil ficar no meio-termo. Ou você é engolida completamente pelo meio, ou você pode passar a vida sendo uma *gaijin* (estrangeira), com amigos *gaijins* e filhos *gaijins*.

Vim estudar doces japoneses como quem vai comprar um sorvete na esquina. Minha experiência francesa me servia de exemplo, e não imaginei que seria tão difícil.

Aqui se ensinava à maneira antiga, quer dizer, trabalho sem remuneração em troca de casa e comida. O aprendizado talvez seja um dos valores mais importantes da sociedade japonesa, aqui ninguém nunca pára de aprender.

Talvez tenha sido essa minha maior atração pelo mundo nipônico, e continua sendo até hoje! E não é estranho que, depois de trabalhar em restaurantes estrelados, revistas e indústria alimentícia, eu tenha escolhido lecionar.

Hoje, minha atividade principal aqui no Japão é dar aulas. E, apesar de ensinar cada aluno só uma vez por mês, quando se tem centenas de alunos, às vezes posso dar uma receita de olhos vendados!

Obviamente isso me permite que cada receita seja testada uma dezena de vezes, aprimorando-a cada vez mais um pouco.

A diferença de dar aulas no Japão, para japoneses, é que eles querem novidades todos os meses, e o nível do pessoal é bem alto. Acho que qualquer aluno meu aqui tem condições de abrir um restaurante bom em qualquer lugar do mundo!

Aqui, as publicações de culinária são variadíssimas e na TV há programas de cozinha o tempo todo!

No Japão, a gastronomia é o pequeno prazer ao alcance de todos. É um país onde talvez não se possa adquirir a casa própria ou ter três semanas de férias, mas comer o doce da moda ou ir ao restaurante badalado estão ao alcance de todos.

Eu dou aulas para alunos que estão um nível acima desse pessoal consumidor. É gente que quer assar o doce da moda, ou refazer o gosto do restaurante badalado. E tudo isso não profissionalmente, mas por puro prazer!

Neste livro, tentei juntar as minhas receitas japonesas que fazem sucesso aqui. Às vezes não são completamente japonesas, pois hoje em dia se come misturado, principalmente em Tóquio. E tentei colocar também algumas receitas tradicionais autênticas.

Quando aceitei o projeto do livro, para mim, era impensável dar receitas só testadas no Japão e com ingredientes indisponíveis no Brasil.

Logo, aproveitei minha estada recente no Brasil, em julho, para testar uma a uma, com ingredientes encontrados nas feiras, nas lojas da Liberdade e nos supermercados de São Paulo.

Procurei usar shoyu nacional, assim como o sake, o mirin e o dashi, indispensáveis para uma autêntica cozinha japonesa.

Não tive problemas também nem com os vegetais e os legumes, aliás, abundantes e muitas vezes de qualidade superior aos encontrados no Japão.

No final, há um "Índice das receitas" por tipo de prato e fiz um pequeno "Glossário", onde explico um pouco os termos e alguns ingredientes japoneses talvez menos conhecidos do público não-cozinheiro. "Receitas-base" reúne, como o nome diz, comidas japonesas tradicionais, que muitas vezes acompanham os pratos que explico na seção principal do livro, "As minhas receitas japonesas".

Espero que gostem da leitura dos textos – em que narro um pouco das minhas experiências no Japão –, e que as receitas dêem vontade de fazê-las e apreciá-las.

Bom apetite!

Tóquio, outubro de 2008

As minhas receitas japonesas

O trigo da moda

Sempre digo aos visitantes estrangeiros, quando chegam ao Japão, que só se torna um gourmet em cozinha japonesa quem consegue apreciar o macarrão soba. Mesmo no meu caso – uma filha de japoneses –, talvez o sabor do soba tenha sido uma das últimas barreiras que venci como estrangeira no Japão.

Quando cheguei aqui, não entendi o barulho de tantos adeptos por esse macarrão escuro, mole e consumido frio. Gente que deixou o trabalho e a vida na metrópole e foi para o interior cultivar o cereal e fazer sua massa – em alguns casos, até produzindo a própria louça em cerâmica. Gourmets que planejam viagens de degustação de soba por todo o país, blogs só sobre o tema. De onde viria essa atração toda?

A dúvida fica ainda maior quando lembramos que o tal macarrão é feito de trigo sarraceno, considerado um cereal pobre, cultivado em lugares frios e de solo pouco apropriado para o grão normal. Também conhecido na França como trigo preto (blé noir), não servia para o feitio de pão, por não conter glúten, e acabava sendo aproveitado em crepes (galettes), principalmente na região da Bretanha.

Na Ásia, em locais montanhosos, a cultura do sarraceno é tão arraigada que chega a substituir a do arroz. E, no Japão, o macarrão de trigo sarraceno (soba) tem histórico mais antigo que o feito de trigo normal (udon).

Hoje, esse grão é louvado pelos nutricionistas de todo o mundo, como fonte de polifenóis, ótimos para baixar o colesterol, e de minerais, além de ser pouco calórico. De trigo pobre, virou o cereal da moda.

Rendimento 1 porção

Ingredientes

100 g de macarrão soba seco

30 g de brotos de nabo (kaiware)

5 tomates cerejas (cortados em 4)

1 colher de sopa de alga desidratada wakame (para reidratar)

2 colheres de sopa de nabo picado bem fininho (em julienne)

3 colheres de sopa de soja verde cozida (pode-se substituir por milho em lata)

Molho (misture bem):

1 colher de sopa de molho de soja

3 colheres de sopa de gergelim torrado

1 colher de sopa de óleo de gergelim

1 colher de sopa de vinagre de arroz (pode-se substituir por 1/2 colher de sopa de vinagre comum)

1 colher de sopa de caldo dashi ou água

2 colheres de sopa de cebolinha picada

pitada de sal

Cozinhe o macarrão conforme as instruções do pacote. Escorra bem e lave com água gelada para retirar todo o amido. Misture metade do molho com o soba em uma vasilha para pegar bem o gosto. Coloque em um prato e cubra com os vegetais. Cubra com a outra metade do molho e sirva bem frio.

Uma viagem pelo mundo por meio do pastel

Será que o nosso pastel de feira é parente do gyoza? Apesar do nome – pastéis –, nunca vi nada totalmente igual em Portugal. Os rissoles talvez, mas definitivamente não é a mesma coisa!

De qualquer maneira, em quase todos os países temos um primo distante do nosso pastel!

Além do gyoza japonês, é possível listar outros parentes próximos: o mandu coreano, o ravioli italiano, a empanada latino-americana ou o pierogi polonês.

O pai de todos, sem dúvida, é o jiaozi chinês. Talvez seja a comida mais consumida no país em fevereiro, pois é o prato simbólico do Ano-Novo chinês.

Famílias inteiras reúnem-se para fazer esses pasteizinhos, apesar do trabalho que dão. Em geral, eles (os pasteizinhos) são devorados em alguns minutos. Calcula-se um consumo de umas duas dúzias por pessoa.

Diferente do gyoza japonês, o jiaozi só é cozido na água e comido com molho de soja e/ou vinagre chinês. O recheio pode variar, dependendo da região, mas a base é quase sempre legumes cortados finos (acelga, cebolinha, cogumelos etc.) e carne de porco picada, na proporção meio a meio.

Mesmo na China existem muitas versões de pasteizinhos, quase todos cozidos no vapor. Hoje em dia, o mais apreciado é o sho ron poh, que contém no recheio um caldo gelatinoso de ossos, colocado frio, que derrete quando cozido no vapor. Esse pastelzinho é degustado com colher. Um verdadeiro manjar dos deuses!

Foi fritando as sobras de um jiaozi que surgiu o gyoza, uma versão mais ao gosto dos japoneses, por sua textura mais crocante. Na verdade, o gyoza não é só um jiaozi frito. Ele passa pela frigideira e depois é cozido no vapor, resultando numa textura crocante de um lado e macia do outro.

A receita japonesa contém nirá, alho e cogumelo shiitake, sendo uma versão muito mais perfumada. A grande diferença, no entanto, está na massa. Bem mais fina, ela lembra um pouco a massa do nosso pastel. Como é vendida em qualquer supermercado daqui, já recorri a ela para fazer alguns dos nossos pasteizinhos. Verdade que não é a mesma coisa.

Ainda não descobri por que a maior parte das pastelarias em São Paulo pertence a descendentes de japoneses. Será que tem a ver com o gyoza?

Rendimento 30 unidades

Ingredientes para a massa

300 g de farinha de trigo

150 ml de água morna

Coloque em uma vasilha a farinha e a água e misture bem até formar uma bola. Sove a massa até ficar lisa. Descanse a massa por 30 minutos, embrulhada em filme plástico. Faça com a massa um cordão de 30 cm e corte-a em 30 pedaços. Abra cada pedaço em um círculo de 7 cm de diâmetro. Recheie cada rodela com uma colher do recheio (abaixo) e molhe as bordas com água. Feche bem, formando um pastelzinho.

Ingredientes para o recheio

200 g de carne de porco moída ou picada

1/8 de repolho picado (pode-se substituir por acelga)

1/2 xícara de cebolinha picada ou nirá picado

2 cogumelos shiitakes secos reidratados ou 4 cogumelos frescos picados

2 dentes de alho picado

Tempero

$^1/_2$ colher de chá de shoyu

$^1/_2$ colher de chá de sake

$^1/_2$ colher de chá de óleo de gergelim torrado

$^1/_2$ colher de chá de açúcar

$^1/_2$ colher de chá de gengibre ralado

sal e pimenta

Pique o repolho ou a acelga e os outros ingredientes. Misture com a carne de porco moída. Coloque os temperos e misture bem o recheio, com as mãos, até formar uma liga. Deixe na geladeira até esfriar a mistura. Recheie os pasteizinhos em uma frigideira antiaderente pré-aquecida. Coloque 1 colher de óleo e disponha os pasteizinhos em círculos até preencher a panela. Deixe fritar até pegar cor. Coloque $^1/_2$ xícara de água quente e tampe imediatamente. Cozinhe em fogo forte até evaporar a água. Quando começar a fritar de novo, estará pronto.

Molho (misture bem)

3 colheres de sopa de shoyu

2 colheres de sopa de vinagre de arroz

1 colher de chá de molho de pimenta

Cidade estrelada

A notícia caiu como uma bomba no mundo gastronômico. Em dezembro de 2007, o famoso guia *Michelin* deu mais estrelas aos restaurantes da cidade de Tóquio do que aos de Paris, Londres ou Nova York.

Mas, para os gastrônomos viajados, a notícia é velha. Tóquio é, sem dúvida, a cidade onde se encontram os melhores restaurantes do mundo.

Tudo tem a ver com o espírito japonês: 1) gostar de comer fora e fazer da comida um grande prazer; 2) exigir o autêntico e apreciar o trabalho bem executado nos mínimos detalhes; 3) ser aberto a todas as cozinhas e tendências; 4) ter ao alcance os melhores produtos do mundo. Pronto. Está posta a mesa com todos os ingredientes necessários para o surgimento de uma grande capital gastronômica.

Tóquio tem cerca de 200 mil restaurantes, e apenas cinco inspetores (três franceses e dois japoneses) do *Michelin* percorreram, em 18 meses, 1.500 estabelecimentos. Resultado: foram distribuídas 191 estrelas, bem acima das 65 conferidas aos restaurantes de Paris (no saldo final de Tóquio, oito restaurantes ganharam três estrelas, 25 receberam duas estrelas e 117 estabelecimentos foram avaliados com uma estrela).

Pelo reduzido número de inspetores – sendo que os três franceses não moravam em Tóquio e tiveram pouco tempo para percorrer a gigantesca capital –, pode-se entender por que a japonesada reclamou e continua reclamando dos critérios de distribuição de estrelas.

O mundo precisa entender que os japoneses gostam de se especializar; logo, ao perguntar qual o restaurante preferido de um japonês, ele certamente vai responder: "Do quê?". Porque aqui não se mistura tempura com sushi, nem comida chinesa com francesa.

Muitos dos melhores restaurantes que conheço em Tóquio têm só oito lugares no balcão. Esses não teriam muito interesse em constar de um guia que vai fazê-los passar mais tempo atendendo ao telefone para reservas que eles não teriam capacidade de atender. Assim, vários recusaram as estrelas e a citação no guia.

Tomando como exemplo um restaurante que ganhou três estrelas, o Sukiyabashi Jiro (de sushi), meu comentário pessoal é: não é o mais gostoso, nem o mais caro (apesar de uma refeição custar mais de US$ 300), nem o mais bonito (pelo contrário), e o serviço é daqueles ideais para masoquistas. Sem falar que não tem banheiro e fica no subsolo ao lado da entrada do metrô.

Mas, confesso, eu também fui fã do Jiro san. Achava o máximo ser maltratada e ir ganhando aos poucos (e pagando muito por) sua simpatia. Hoje, depois de décadas de Tóquio, descobri que podemos comer melhor sendo bem tratados, em lugares confortáveis e pagando menos.

Claro que esse exemplo não desmerece o trabalho fantástico que fazem Jiro san e todos os outros cozinheiros estrelados pelo *Michelin*. E, apesar da reclamação geral, isso não impediu o guia de vender sua primeira tiragem com 90 mil exemplares em 24 horas e hoje só estar disponível em leilões na internet.

O nome destes ovos (termas) vem da preparação que é feita até hoje nas termas japonesas onde os habitantes locais cozinham os ovos colocando-os dentro de uma cesta e mergulhando-os na água quente que brota do solo vulcânico. Hoje, muitos chefes estrelados do *Michelin* revisitam esta receita.

Rendimento 6 porções

Ingredientes
6 ovos superfrescos
18 aspargos verdes e de preferência grossos
Manteiga
Queijo parmesão
Sal
Pimenta

Descasque os aspargos com o descascador de vegetais na parte mais fibrosa do talo. Cozinhe os ovos em uma panela com água o suficiente para cobri-los, e com um termômetro mantenha a temperatura em 64 °C por 20 minutos.

Enquanto isso, prepare os aspargos. Coloque-os em uma frigideira com manteiga e, lentamente, cozinhe os aspargos regando com a manteiga (sem deixá-la queimar). Por último, tempere com sal e pimenta e cubra com parmesão ralado, coloque no prato e quebre sobre os aspargos os ovos cozidos. O ovo vai estar com a gema e a clara semicozidas, mas moles – essa textura vai substituir o molho.

Feijoada japa

Não sei se é a comemoração dos cem anos da imigração japonesa, em 2008, ou se porque o Brasil ainda está na moda no exterior. O fato é que eu nunca fiz tanta feijoada no Japão.

Só em outubro de 2007, recebi pedidos de seis feijoadas grandes, para mais de 150 pessoas – para se ter idéia, eu costumava fazer, no máximo, dez feijoadas por ano.

Por experiência, sei que o Japão é precursor de tendências. Então, fico na dúvida se será o feijão-preto (milhões de polifenóis) que vai *hypar* daqui a pouco ou se será o porco.

Meu palpite é que será o bicho. O porco está destronando o boi por aqui – enquanto o mundo aclama o wagyu (boi japonês), o nipônico namora o suíno.

O porco no Japão é a segunda fonte de proteína animal, logo depois do peixe. Os pratos mais populares usam carne de porco, como o tonkatsu (filé empanado), o shyogayaki (fatias finas com molho de shoyu e gengibre) ou o shabu shabu (fatias cruas que são mergulhadas em caldo quente).

O japonês corre atrás de carne fresca do porco ibérico (espanhol), do kurobuta (porco preto), do kinkabuta (porco chinês), do aguu buta (de Okinawa), do Tokyo X (de Tóquio), do wine ton (de Yamanashi)... Está começando, enfim, um patenteamento ("labelização") da carne de porco.

Tomemos como exemplo o tipo Tokyo X, vendido no supermercado perto da minha casa. Ele é abatido com menos de dez anos e é resultado do cruzamento de três raças (berkshire inglês, duroc americano e beijing black chinês). Conclusão: menos porcos por ninhada e cada um muito bem-criado pela mãe leitoa, solto em lugares amplos – algo difícil no Japão, especialmente em Tóquio –, alimentado com grãos, tubérculos e verduras.

No Brasil, quantos tipos de porco encontramos no supermercado?

Enquanto a tendência mundial até hoje foi a de criar porcos cada vez menos gordos como sinal de um produto saudável, mas cujo resultado é uma carne seca e aguada, os japoneses foram contra essa corrente e estão criando porcos gordos e saborosos.

Minha feijoada aqui aproveita tudo. Coloco língua, pé, orelha, toicinho, paio, costelinha, tudo isso comprando a carne fresca de porcos criados em liberdade, que se alimentam apenas de ração natural e que não têm cheiro de chiqueiro.

Maturo com sal, especiarias e ervas por alguns dias, escaldo alguns pedaços para retirar as impurezas e defumo outros para a indignação dos meus vizinhos de prédio. (Na verdade, de prato escravo essa feijoada não tem nada, está mais para iguaria de imperador!)

A gelatina que sai dos ossos, da pele e das cartilagens forma um caldo grosso, sem ser farinhento nem gorduroso. A japonesada fica louca, só falta passar na cara aquele concentrado de colágeno.

No fim, a feijoada fica boa mesmo é pela qualidade do porco japonês. Mas reconheço: de light não tem nada.

Costela de porco assada à japonesa

O segredo desta receita é o cozimento lento do porco no forno dentro de um tempero forte e aromático. A gordura do porco é retirada, tornando o prato bem mais leve!

Rendimento 6 porções

Ingredientes

1 carré de porco (costela de porco inteira) de mais de 2 kg, de preferência bem espessa

2 copos de shoyu

2 copos de mirin (sake doce)

2 copos de sake seco

2 cebolas em rodelas finas

1 cenoura em rodelas finas

2 talos de salsão em fatias

2 talos de cebolinha japonesa (naga negi)

4 dentes de alho picadinho

1 pedaço de 20 g de gengibre em rodelas finas

2 anis estrelados inteiros

1 pimenta vermelha seca picada

Cobertura

$^{1}/_{2}$ copo de gergelim torrado

1 colher de sopa de pimenta de seichuang (sancho)

Coloque o sake e o mirin em uma frigideira e leve-a para ferver. Quando ferver, acenda um fósforo e flambe para retirar o álcool. Quando esfriar um pouco a mistura, junte o shoyu e os legumes e temperos picados. Coloque a carne e os temperos em um grande saco plástico e deixe marinando uma noite na geladeira, mudando de posição algumas vezes para marinar por igual.

No dia seguinte, embrulhe tudo em papel alumínio (grosso) em uma assadeira e cubra com o caldo da marinada (a assadeira deve ser um pouco funda para que o líquido não transborde e queime). Feche bem o embrulho para tudo ser cozido no próprio vapor.

Leve ao forno, aquecido a 140 °C, por 3 a 4 horas, abrindo o embrulho e mudando de lado a cada hora para cozinhar por igual (quando os ossos estiverem aparentes, estará pronto). Essa operação deve ser feita com cuidado, pois a carne vai ficando cada vez mais delicada.

Retire o molho e os legumes, coe, desengordure o caldo e reduza o molho até ficar meio grosso (mas não muito salgado). Cubra a carne com o gergelim e a pimenta japonesa e pincele com bastante molho. Leve para dourar na salamandra até ficar bem caramelizado. Pode-se engrossar o molho com um pouco de amido (batata, milho ou araruta) e servir à parte.

Sirva com legumes, como abóbora kabotcha em fatias, berinjela, raiz de lótus, ervilha-torta, que foram grelhados e temperados com o molho do porco.

Peixe de outono

Apesar de as cerejeiras em flor serem o cartão-postal tradicional do Japão, os japoneses são mais outono.

Ao contrário da exuberância da primavera, o outono, que é um pouco melancólico e tem cores menos juvenis, guarda mais semelhança com o espírito japonês.

Se você pesquisar "outono" na internet, aqui no Japão, vai encontrar vários sinônimos, como o outono das artes, o outono da leitura, o outono dos esportes e, principalmente, o outono da gastronomia. É esse último que nos interessa.

Antigamente se dizia que o outono era a época da engorda. Ao nos prepararmos para as privações do inverno, deveríamos fazer uma reserva de gordura no próprio corpo. Hoje não precisamos mais disso, mas como o frio nos ajuda a esconder essa deselegante reserva embaixo das roupas de lã, acabamos nos deixando levar por esses costumes – além disso, por aqui o biquíni já está no fundo do armário e de lá só vai sair daqui a dez meses. E, até lá, certamente um novo regime estará na moda.

Na verdade, não são só os costumes que nos levam a comer demais. Parece que a natureza também é pródiga em nos tentar com delícias que só encontramos nessa época.

O mais festejado cogumelo japonês, o matsutake, ainda não-cultivável, só é encontrado no Japão no outono. Ele cresce perto das raízes do pinheiro vermelho, o akamatsu. (Para os curiosos, segue um site de compra por internet [apenas para o Japão] onde o preço é em média US$ 100 cada um [!]: www.yaomatu.co.jp/matu.html. Infelizmente, nesse site não podemos sentir seu aroma, que, aliás, é a alma desse cogumelo.)

Como o outono aqui é democrático, pode-se dizer que o outro sinônimo da estação gourmet é o peixe sanma (pacific saury ou mackerel pike). Veja só, pelo preço de um cogumelo matsutake se compram cem sanmas fresquíssimos.

Os três caracteres chineses que designam esse peixe são "outono, faca e peixe". Primo da cavalinha e do peixe-voador, o sanma mede cerca de 25 cm, tem o formato de uma faca e sua carne é equivalente à de uma sardinha grande. É maravilhoso assado na brasa só com sal ou, melhor ainda, cru em sashimi. Mas aí tem que ser quase vivo!

Ele é tão festejado que em fins de setembro de 2007 tivemos o festival do sanma aqui em Tóquio, no bairro de Meguro.

Os peixes são grelhados como antigamente, na brasa, ao ar livre, e distribuídos gratuitamente.

Infelizmente, em 2007 a fila chegou a um quilômetro. Achei mais simples grelhar na varanda de casa, servi-lo com as vísceras, um limãozinho verde japonês (sudachi) e nabo ralado. O sanma realmente faz a gente entrar em comunhão com a natureza.

P.S.: Quem quiser sentir um pouco o clima do festival pode ver as fotos e alguns comentários em inglês nos blogs:
www.stevseljp.blogspot.com/2005/09/sanma-matsuri.html e
http://japan.gentianeetantoine.com/home.php?func=diapo
&nom=matsuri&datejour=20060917

Bolinhos de sardinha (Satsuma age)

Estes bolinhos de peixe são apreciados por todos, até mesmo por crianças que não gostam de peixe. Os peixes de carne escura são muito mais ricos em nutrientes que os de carne branca, além de serem bem mais baratos.

Rendimento 4 porções

Ingredientes

3 sardinhas bem frescas cortadas em filés (pode-se substituir por carapaus, ou qualquer outro peixe)

1 colher de sopa de sake

1 colher de sopa de mirin

1/2 colher de sopa de fécula (milho ou batata)

1/2 colher de sopa de cebolinha picada

1/2 colher de chá de gengibre ralado

1/2 ovo inteiro (gema e clara) batido

1/2 colher de chá de sal

1/2 xícara de chá de legumes, a escolher (cebolinha, cenoura crua, bardana, raiz de lótus, vagem etc.), picados cortados fininhos em palitinhos

Coloque todos os ingredientes, bem frios, no liquidificador ou processador de alimentos (menos os legumes cortados em palitinhos) até formar uma massa. Misture os legumes crus com a espátula de borracha e frite essa massa a colheradas em óleo quente (170 °C) até ficarem dourados. Retire-os do óleo quente e ponha-os sobre papel-toalha. Sirva com o molho.

Molho

2 colheres de sopa de shoyu, sake e açúcar (de cada)

Misture bem, leve ao fogo até derreter o açúcar e coloque sobre os bolinhos de peixe fritos.

“Mineirinho” versão nipônica

Nas minhas aulas de cozinha em Tóquio, quando o tema é Brasil, a aula mais pedida não é a de feijoada, nem a de churrasco. A mais popular é, sem dúvida, a aula de pão de queijo!

Talvez pela sua textura macia e elástica, o nosso pãozinho de queijo é muito apreciado pelos japoneses de todas as idades. Lembra um pouco os tradicionais bolinhos de arroz.

O pão de queijo virou um dos produtos brasileiros mais conhecidos, como café, açaí, guaraná e própolis.

Hoje, no Japão, não é raro ver pão de queijo (com este nome mesmo) nas padarias ou o preparado nas prateleiras dos supermercados.

O pão de queijo japonês é menos gorduroso e leva um pouco de farinha de trigo, além da fécula de mandioca que vem das Filipinas. A textura é mais leve e o pão fica bom mesmo frio. Mas, infelizmente, não é tão gostoso quanto o original brasileiro!

Em agosto de 2007, na minha estada no Brasil, participei de um programa na TV onde se fazia um concurso da melhor receita de pão de queijo. Fiquei espantada com a variedade e, mais admirada ainda, com o nível das receitas, senti que realmente se assa muito pão de queijo nos lares brasileiros.

Acho que, se o Japão se baseia na cultura do arroz e seus derivados, no Brasil, a cultura da mandioca talvez seja a mais tipicamente brasileira.

Vi receitas que usavam os mais variados tipos de fécula e farinha, todas derivadas da mandioca, e descobri texturas diferentes em cada receita.

Hoje, os grandes chefs internacionais descobriram os derivados da mandioca como o sagu, a tapioca e os polvilhos. O sagu, por exemplo, deixou de ser uma sobremesa caseira para se transformar em pérolas doces ou salgadas. Acompanha e enfeita pratos, alguns imitando até o caviar. A tapioca, do Norte e Nordeste, já conquistou o Sul e agora está se internacionalizando e recebendo os mais diversos recheios.

Os japoneses são conhecidos no mundo todo pela perseverança na pesquisa. Antigamente, me pediam um pão de queijo que não endurecesse tão rápido. Logo, a substituição de uma parte da fécula por farinha resolvia parcialmente o problema. Mas comprometia o sabor. Hoje, existem receitas nas quais a fécula do arroz entra no lugar do polvilho e tem dado ótimos resultados, inclusive em termos de sabor. E, em escala industrial, óleos emulsionados com queijos estão produzindo misturas prontas de pão de queijo mais leves e perfumadas naturalmente.

Hoje, em Tóquio, degusta-se pão de queijo sabor gergelim, ovas de bacalhau apimentadas ou algas. E até mesmo um sanduíche feito de pão de queijo nas padarias nipônicas.

Que os mineiros não me ouçam, mas, desse jeito, em um futuro não muito distante, quem sabe estaremos importando pão de queijo japonês!

Pão "de queijo" de gergelim

Rendimento 40 unidades

Ingredientes

1 colher de sopa de tahine (pasta de gergelim)

1/4 de copo de água (50 ml)

1/4 de copo de óleo (50 ml)

1 1/4 de copo de leite (250 ml)

250 g de povilho doce

150 g de povilho azedo

1 colher de sopa de sal

1 colher de sopa de shoyu

3 ovos inteiros

35 g de gergelim torrado branco

35 g de gergelim torrado preto

Leve todos os líquidos, com o sal, para ferver. Coloque fora do fogo os povilhos e misture bem. Se a massa ficar muito dura, acrescente água. Coloque os ovos batidos, um a um, e misture bem após cada adição. Por último, coloque o gergelim e misture bem. Forme bolinhas untando à mão para não grudar. Asse em forno quente a 200 °C por 20 minutos e retire os pãezinhos quando estiverem levemente dourados.

Super size me japonês

Enquanto o mundo descobre a saudável comida japonesa, com seus sushis e sashimis, os japoneses descobrem o mundo. E começam a ser apresentados às gorduras trans, às frituras, aos açúcares...

A última moda em comida aqui em Tóquio chegou no fim de 2006 direto do estado norte-americano da Carolina do Norte. Sete meses depois da inauguração, a fila de espera, que era de uma hora, passou para duas horas.

Toda essa paciência para comer o quê? Krispy Kreme Doughnuts, as rosquinhas da rede norte-americana a US$ 1 cada uma. Obviamente, depois de duas horas de espera, você acaba comprando no mínimo duas dúzias.

Eu ainda não comi a tal rosquinha, estou esperando a fila diminuir. Mas quem comeu disse que parece uma nuvem e derrete na boca. Uma nuvem de 200 calorias, diga-se.

O Japão deve ser o único lugar entre os países desenvolvidos a tomar a direção contrária à tendência do natural e da baixa caloria.

Outro grande sucesso em fast-food por aqui é o Mega Mac Teriyaki, mais de 900 calorias em um simples sanduíche (quase o dobro de um Big Mac!). Formam-se filas no fim de semana para esse hambúrguer que tem quatro andares de carne e foi banido do menu da Inglaterra por ser escandalosamente calórico.

Em 2007, voltou ao Japão a marca Burger King, que tinha fechado em 2001 porque seus produtos eram volumosos demais para o público japonês. Hoje, faz as delícias dos nostálgicos do Whopper.

Se antes se comia sukiyaki e shabu shabu, finas fatias de carne marmorizada japonesa da raça wagyu, cuja porção era de 80 g e vinha acompanhada de muita verdura, o ideal do jovem japonês de hoje é comer um bom steak de 300 g com batatas fritas – 300 g de pura gordura. Se for em restaurante chique francês, o pedaço vai ser menor, mas vem com foie gras em cima.

Acho que não vai ter chá verde suficiente no Japão para emagrecer toda essa nova geração.

P.S.: Para os que não conhecem uma fila japonesa ansiosa por um donut norte-americano, aí vai uma amostra: http://jp.youtube.com/watch?v=197vOTI7FbI&mode=related&search=

Doughnuts à japonesa (de tofu)

Estes bolinhos são bastante populares e são vendidos nas próprias lojas de tofu. São leves e gostosos.

Rendimento 6 porções

Ingredientes

200 g de tofu firme (momen)

1 ovo

50 g de açúcar

50 ml de leite

150 g de farinha de trigo

1 colher de sopa de fermento químico

Casca ralada de 1 limão siciliano

Óleo para fritar

Retire um pouco o excesso de umidade do tofu embrulhando em pano e deixando com um peso em cima por 20 minutos. Misture bem o açúcar com o ovo, até o açúcar derreter. Coloque o tofu que passou pela peneira e o leite.

Peneire a farinha com o fermento e misture com a espátula de borracha na mistura do tofu. Acrescente as raspas de limão. Forme bolinhas ou rosquinhas, mas o mais fácil é fritar as colheradas como nosso bolinho de chuva. Frite em óleo quente (170 °C) até ficarem dourados. Passe açúcar enquanto estão quentes.

Sommelier de vegetais

É mundialmente sabido: japoneses adoram estudar, ter diplomas, se especializar. Não basta terem os melhores chefs de cozinha do mundo, precisam ter também o melhor serviço (e isso eles têm), as melhores caves e também os melhores sommeliers, que nos indiquem os melhores vinhos.

Agora, o máximo nos restaurantes é ter um *vegetable & fruit sommelier* ou *vegetable meister*, o especialista em verduras e frutas que aconselha sobre o melhor pedido para a época, considerando variedade e harmonia no prato. (Observação: só mesmo os japoneses para misturar tanta língua em um só título.)

A coisa é séria. Quem criou o título foi a Associação Japonesa de Frutas e Vegetais, organização sem fins lucrativos ligada ao governo e às cooperativas agrícolas. Essa associação oferece aulas de especialização aos interessados em se aprofundar nessa área. Existem três níveis de diplomas e, desde a sua fundação, em 2001, a associação já formou mais de 10 mil especialistas que agora trabalham em restaurantes, supermercados e até em pequenos verdureiros de bairro.

Hoje, comprar uma boa verdura ou fruta no Japão sai mais caro do que comprar carne ou peixe. A saladinha deixou de ser acompanhamento e virou prato principal.

Não é à toa que chefs franceses como Michel Bras ou Alain Passard fazem sucesso por aqui. O gargouillou de vegetais, salada com mais de 20 vegetais e ervas misturados (de Bras), ou o navet rose à la croute de sel, nabo redondo assado no forno (de Passard), são pratos-fetiche, bastante imitados pelos chefs japoneses.

O bom chef precisa viajar e conhecer os produtores, que são outro tipo de especialista. Você passa horas conversando com eles e, se gostarem de você, da sua cozinha e da maneira de utilizar o produto deles, pode ser que lhe vendam uma parte da produção. O preço, com certeza, não vai ser o mesmo daquele do caixote de mercadão.

Atualmente, as verduras mais badaladas no Japão são cultivadas na região perto de Kyoto. As terras férteis e o clima rigoroso produzem pérolas – às vezes, você nem precisa ser um bom chef.

As favas assadas inteiras no carvão, o broto de bambu servido cru em sashimis, os vários tipos de nabos cozidos somente no vapor derretem na boca. Como tempero, basta uma pitada de sal e nada mais.

Não é preciso explicar que as verduras são orgânicas, e o adubo também, que elas são completamente sazonais e colhidas à mão.

Em Kyoto, um dos restaurantes mais festejados se chama "O Segundo Andar do Verdureiro". Como diz o nome, ele fica realmente no segundo andar da loja Kanematsu, o verdureiro mais chique (e mais caro) do Japão.

Seu menu, composto apenas de verduras da estação, não nos faz sentir falta de carne ou de peixe em nenhum momento. Talvez porque todas as verduras ali têm muito sabor.

P.S.: Para os interessados em se tornar um *vegetable sommelier*, aí vai o endereço do site da associação, em inglês: www.vegefru.com/en/whats-vf. Já vou avisando que o curso deve ser dificílimo, pois até agora o diploma máximo de *senior meister* só foi dado a sete pessoas.

Ganmodoki (bolinho de tofu com verduras)

Para os que acham que o tofu é sem graça e não tem gosto, vai aqui uma receita que mesmo os não-vegetarianos gostam.

Rendimento 6 porções

Ingredientes

1 tofu firme (momen) de 400 g

1 ovo

1 colher de sopa de maisena

1 colher de sopa de shoyu

2 colheres de sopa de cebolinha picada

1 shiitake picado (de preferência seco reidratado)

2 colheres de cenoura picadinha ou cortada em fiozinhos finos

2 colheres de sopa de grão de soja cozido (pode ser o verde ou o amarelo)

Deixe o tofu (embrulhado em um pano ou papel de cozinha) por uma hora em uma peneira com um peso em cima para retirar o máximo possível de água. Coloque no processador o tofu com o ovo, o shoyu e um pouco de sal.

Retire e misture o resto dos ingredientes com a espátula de borracha. Com a ajuda de uma colher, frite bolinhos no óleo quente (170 °C) até dourar. Polvilhe com gergelim torrado. Você pode servir apenas com shoyu, mas o prato pode ser servido dentro de uma sopa, ou com o mesmo molho do tempura.

Festa importada

Foi depois da Segunda Guerra Mundial, por influência norte-americana, que o Japão começou a comemorar o Dia das Mães. Aqui, o símbolo dessa data é o cravo vermelho, que se vende em toda a parte, um pouco como o *muguet* no 1º de Maio da França.

Gastronomicamente falando, não existe uma culinária de Dia das Mães. O que se vê geralmente nas famílias são dois comportamentos: ir ao restaurante ou os filhos tentarem se aventurar na cozinha (mais ou menos como no Brasil).

As idas da criançada para a cozinha resultam na maioria das vezes em um Kareraisu (arroz com curry), prato popular e fácil de fazer. Cabe ao pai a tarefa de arrumar a bagunça da cozinha depois.

Os mais preguiçosos se valem de outra opção: o Japão é o país do delivery. Um telefonema e os sushis vêm mais rápido que pizza. O mais pedido depois dos sushis é o Unajyu, enguia (unagi) com molho de shoyu adocicado sobre arroz branco. A enguia é cozida no vapor e depois lentamente grelhada sobre a brasa de carvão, pincelada várias vezes com o molho tarê adocicado, e por último perfumada com um pouco de sansho (pimenta de seichuan). Uma delícia!

Para as famílias com filhos maiores, principalmente filhas, as escolhas estão cada vez mais sofisticadas: nos subsolos das famosas lojas de departamento, grifes como Fauchon, Troigros e Bocuse fazem menus sob encomenda e tudo isso chega ainda morno no domingo de manhã nas casas das felizardas mães.

Mesmo que não haja um menu completo, o doce faz parte do Dia das Mães. Como é uma festa importada, não existe um doce tradicional japonês para a comemoração; em compensação, a venda de bolos decorados é bastante popular.

Esses bolos são uma festa para os olhos. Não é à toa que famosas doçarias francesas enviam seu staff para treinar no Japão. Bolos enfeitados com frutas da primavera em forma de buquê de flores são verdadeiras esculturas!

Elas merecem. A cada segundo fim de semana de maio (como era o caso quando escrevia este texto), feliz Dia das Mães!

P.S.: Em alguns sites é possível ver as imagens desses bolos: www.tokyu-dept.co.jp/foodshow/t/season/sweet.html e www.printemps-ginza.co.jp/goods/20070407-mothersday/cake

Este bolo é o clássico japonês que serve para todas as ocasiões, simples, mas gostoso. Escolha morangos mais ácidos para suavizar o doce do bolo.

Rendimento 8 porções

Massa

4 ovos

120 g de açúcar cristal

120 g de farinha de trigo peneirada

Manteiga para untar fôrma redonda (20 cm)

Calda

1/2 copo de água

1/2 copo de açúcar cristal

1 colher de sopa de rum escuro ou álcool de cerejas (pode ser também grappa ou conhaque)

Creme

Essência de baunilha (algumas gotas)

500 ml de creme de leite fresco gelado

4 colheres rasas de açúcar

2 caixas de morango

Modo de preparar

Bata os ovos com o açúcar em banho-maria quente por 2 a 3 minutos até a mistura amornar (40 ºC). Retire do banho-maria e continue a bater com a batedeira elétrica até triplicar de volume (a mistura deve ficar espessa) e esfriar completamente. Com a espátula de borracha ou uma escumadeira acrescente a farinha de trigo peneirada, dividida em 3 vezes, misturando bem após cada acréscimo.

Coloque a mistura na fôrma untada e asse em forno pré-aquecido de 180 ºC por 25 minutos (faça o teste do palito). Deixe esfriar sobre uma grelha. Enquanto isso, prepare a calda, misturando a água com o açúcar e levando ao fogo até derreter bem o açúcar e começar a ferver. Fora do fogo, acrescente o álcool de sua preferência. Deixe esfriar.

Em uma vasilha dentro de um banho-maria de água com gelo (banho-maria gelado), bata com a batedeira elétrica o creme (no qual se colocou a essência). Quando ficar um pouquinho espesso, acrescente o açúcar e continue a bater até formar uma consistência cremosa, mas não firme.

Quando a massa do bolo estiver pronta e fria (fica até melhor no dia seguinte), corte na horizontal em 3, coloque no prato que vai ser servido a fatia mais espessa do bolo e pincele com a calda. Coloque uma fina camada de creme, encha de fatias de morangos, coloque uma fina camada de creme cobrindo os morangos, tampe com a segunda fatia de bolo e assim por diante. Cubra o bolo de creme e decore com morangos inteiros.

O mar não está para peixe

Se pedissem que eu escolhesse um lugar no Japão, eu não hesitaria. Entre os Montes Fuji, templos e palácios imperiais, imperdível mesmo é o mercado de peixe de Tsukiji. Ele representa muito bem o Japão atual, parece um amontoado de coisas, mas tudo está em seu devido lugar. E, apesar da aparência antiga e tradicional, é completamente computadorizado.

O Tsukiji começou suas atividades em 1935, vizinho do famoso bairro de Ginza (considerado o metro quadrado mais caro do Japão). Surgiu para substituir o antigo mercado em Nihonbashi, que foi completamente destruído no terremoto de 1923.

Sua fácil localização, no centro da capital, faz a festa de pequenos restaurantes, gourmets, cozinheiros de fim de semana e turistas, atraídos pela variedade, frescor e preço bem mais acessíveis do que das outras peixarias da capital.

É uma festa para os olhos e para o estômago.

A primeira impressão sobre as pessoas que trabalham lá é a de que são rudes. É claro, não dá para esperar o atendimento caloroso encontrado nos mercados brasileiros porque a gentileza vem aos poucos e à medida que a confiança aumenta entre comprador e vendedor.

Para quem trabalha com cozinha ou gosta de cozinhar, o lugar é uma fonte eterna de inspirações. Há mais de 450 espécies de pescados, do camarão ainda vivo ao atum de 300 kg. E o mais impressionante: ao chegar no Tsukiji, não se sente o cheiro de peixe. Tudo é extremamente fresco e os locais, meticulosamente limpos.

Com a globalização, é possível encontrar todos os tipos de peixe durante o ano inteiro. Mas o frescor, qualidade e preço – bem mais baratos – de algumas espécies são os sinais do que está forte em cada estação. Cada produto tem sua origem informada, e os vendedores adoram informar e explicar a melhor maneira de cozinhar.

As 2 mil toneladas de produtos do mar negociadas por dia fazem do Tsukiji o maior mercado de peixe do mundo, com quase o dobro de produtos do mercado de Rungis, na periferia de Paris, que ocupa a segunda colocação.

O famoso leilão de atuns acabou virando atração turística, apesar do horário. Visitantes do mundo todo não perdem o espetáculo que acontece às 5h e que é arrematado com um belo café-da-manhã de sushi nas dezenas de lojinhas que ficam em volta do mercado.

Infelizmente, essa maravilha está com os dias contados. Há um projeto que prevê a mudança do Tsukiji para um local mais afastado em 2012. Claro, com 70 anos de vida, a construção está envelhecida, o metro quadrado da região é bastante alto e todas as manhãs o trânsito atrapalha muita gente.

Mas, então, por que as dezenas de passeatas ocorridas recentemente?

Ainda que possa parecer que os protestos tenham a ver com o projeto de transformar o terreno do mercado em vila olímpica – o Japão concorre à sede da Olimpíada de 2016 –, o problema não está aí.

Descobriu-se que o terreno cedido pela Tokyo Gas (companhia de gás) em Toyosu, a 3 km ao sul do atual mercado, para onde se planeja transferir Tsukiji, está com o solo completamente contaminado por benzeno, cianogênio e arsênico. Não se pode dizer que seja o terreno ideal para instalar o maior mercado de peixes do mundo, apesar dos trabalhos de descontaminação que têm sido feitos. Os peritos colocam em dúvida a segurança do local porque bastaria um terremoto para levar à superfície todas essas substâncias.

Para os que ainda não conhecem Tsukiji, essa é a hora. Se a idéia da transferência se concretizar, não duvido que a entrada só seja permitida a profissionais vestindo roupas anticontaminação.

Vermelho no shoyu e gengibre

Esta receita é perfeita para qualquer tipo de peixe, mas deve ser sempre utilizado peixe inteiro com a cabeça e a espinha dorsal, pois é daí que vai sair o gosto.

Rendimento 4 porções

Ingredientes

1 kinmedai (vermelho ou red snapper) (1,5 kg para 4 pessoas)

8 cogumelos shiitake

1 pacote de shimeji

1/2 copo de sake

1/2 copo de shoyu

1/2 copo de mirin

6 fatias grossas de gengibre

30 g de manteiga

1 talo de naga negi (cebolinha japonesa que parece com o alho-poró)

Observação Compre o peixe inteiro com a cabeça, mas limpo e sem escamas.

Salgue o peixe levemente (bem levemente) e coloque sobre um papel manteiga grande e untado com a manteiga. Cubra com os cogumelos (corte-os, se forem grandes), o gengibre e a cebolinha. Leve o sake e o mirin ao fogo para retirar o álcool (ferva por alguns minutos) e misture com o shoyu. Coloque o molho por cima do peixe e feche bem o papel manteiga ou alumínio – o vapor não deve escapar durante o cozimento.

Coloque no forno pré-aquecido a 200 °C por 45 minutos, ou até o pacote de papel alumínio inchar. Sirva na mesa e só abra o papel antes de servir.

O templo gastronômico

Exatamente ao lado do templo Tenryuji, na região de Arashiyama, em Kyoto, fica o restaurante Kitcho – talvez o mais conhecido do Japão pelos gourmets do mundo inteiro. Ainda que tenha várias filiais, em versões mais simples, só a matriz de Kyoto pode ser realmente considerada três estrelas.

O restaurante serve o famoso kaiseki, um menu composto de dezenas de pequenos pratos preparados com todas as técnicas da cozinha japonesa (cru, cozido no vapor, frito, salteado etc.). É um verdadeiro desfile gastronômico e, como não poderia deixar de ser, cada prato, além de gostoso, tem um visual de emocionar mesmo os mais leigos.

Antes de tudo, o mais importante do estilo kaiseki é a estação. Cada prato e cada ingrediente têm pequenos detalhes que evocam épocas do ano e também lugares. Agora, por exemplo, estamos quase na primavera, e as ameixeiras, que são as primeiras árvores a florescer, são motivos desenhados nos pratos de porcelana e também dão o ingrediente do doce servido com o chá japonês, colhido em Uji, nos arredores de Kyoto.

A cozinha kaiseki surgiu como a refeição que precedia a cerimônia do chá, antigamente reservada aos nobres e componentes da família imperial. E a essência da hospitalidade japonesa vem dali. Há um cuidado enorme que vai da reserva – nenhuma arrogância ao telefone, apenas gentileza e preocupação em receber bem –, passando pelo menu escrito à mão em papel japonês até o presentinho na saída do restaurante, que dessa vez foi um pequeno cesto com bolinhos de arroz.

Saber se um ingrediente não é bem-vindo ou se é a primeira vez que o cliente visita a casa é parte do protocolo. Claro, a tecnologia ajuda, e o computador informa até o que foi consumido para que os pratos não sejam repetidos.

Durante o jantar em sala reservada, o cliente não encontra ninguém – como se fosse a única reserva da noite. E, detalhe importante, cada sala tem o que há de mais caro no Japão: espaço. Os quartos de estilo japonês são imensos e com vista para jardins dignos dos templos mais famosos de Kyoto. Tudo exclusivo para você – e sem fila.

Cada ingrediente é escolhido a dedo e colhido no mesmo dia. O morango, por exemplo, ainda mantém as gotas de orvalho. Mas talvez o mais impressionante do Kitcho seja a louça. Em cada jantar podem ser usados cerca de 30 utensílios para cada pessoa. O hashi (palitinho japonês) é cortado na hora de bambu fresco, e os copos são cristais Baccarat dos anos 1930.

O Kitcho talvez seja o único restaurante do mundo que tenha um museu (Yuki Museum of Art) onde a preciosa louça – usada na cerimônia do chá – compõe um acervo com cerca de mil peças, algumas com mais de 400 anos. Talvez seja também o único restaurante em que o preço dos menus difere pela louça usada para servir os pratos e não pelo conteúdo delas.

Mas tudo tem lá o seu preço. Comer no Arashiyama Kitcho saboreando as delícias de cada estação de Kyoto, ser recebido com gentileza pela madame Tokuoka (mulher do chef e proprietário Kunio Tokuoka) e suas assistentes, todas de quimono, custa US$ 500 por pessoa, na louça mais simples. Claro, o valor pode ser três vezes superior se a louça for peça de museu.

O gomadoufu é um clássico da cozinha dos monges japoneses, onde não se pode comer carne. O gergelim e a soja, juntamente com os vegetais, formam os ingredientes principais desse tipo de cozinha.

Rendimento 4 porções

Ingredientes

35 g de semente de gergelim crua sem casca

45 g de kuzu (araruta verdadeira), fécula da raiz de uma trepadeira (pode-se substituir por polvilho doce)

500 ml de água

Em uma frigideira de fundo espesso em fogo baixo, coloque as sementes de gergelim e torre, mexendo sempre com uma colher de pau, até começarem a perfumar todo o ambiente. Deixe esfriar um pouco até ficar morno.

Coloque as sementes de gergelim torradas em um suribachi (pilão japonês). Se não tiver, pode ser um pilão comum; no último dos casos, em um processador de alimentos.

Amasse as sementes até formar uma pasta (deve demorar mais de 20 minutos). Passe essa pasta por uma peneira fina e misture com a araruta e a água.

Leve ao fogo em uma panela de fundo espesso e misture em fogo alto até ficar grosso. Abaixe o fogo e continue a misturar por mais 20 minutos (isso dá consistência à mistura).

Coloque esse creme em uma fôrma molhada e esfrie sobre água com gelo (não leve à geladeira, pois fica borrachudo). Depois de frio, corte em quatro e sirva cada quadrado com um pouco de shoyu e wasabi.

Campeão de audiência

Enquanto, no mundo afora, a cozinha japonesa está em pleno *boom*, nas pesquisas internas japonesas o prato número 1, há anos, não é nenhum sushi, sashimi ou tempura, mas, sim, o caseiro kareraisu – traduzindo, curry com arroz.

Degustado pelo menos uma vez por semana, é considerado o prato mais popular do Japão. É nesse cozido de legumes que os japoneses descansam o paladar, principalmente depois dos excessos do Ano Novo, com suas lagostas, carne de Kobe e seus sushis.

A cozinha japonesa é conhecida pela sofisticação e delicadeza, tanto no preparo quanto no sabor. O kareraisu, ao contrário, é rústico, cheio de especiarias (a casa e os utensílios ficam cheirando a kare [curry] por muito tempo) e seu preparo é o que há de menos sofisticado: cozinha-se tudo de uma vez na panela e serve-se sobre o arroz.

Apesar de ser um tempero pouco japonês – ele veio da Índia ao Japão trazido pelos ingleses na era Meiji, em 1872 –, o curry se tornou um dos temperos prediletos no arquipélago.

Nos supermercados, a seção dessa especiaria talvez seja maior do que na Índia, e o pré-preparado, que inclui farinha e é vendido em barras (como chocolate), facilita a vida das donas-de-casa; é só colocar no cozido e pronto.

A receita é simples: em uma panela, coloque um litro de água fria, cebola, batata, cenoura e carne, tudo cortado em cubos grandes. Normalmente, ninguém pesa os ingredientes, pega-se o que tem na geladeira, mas os iniciantes podem experimentar com 200 gramas de cada legume e também da carne, que pode ser de boi, galinha ou porco.

Quando os ingredientes estiverem macios (15 a 20 minutos), acrescente a barra do preparado, que, em São Paulo, pode ser encontrada em lojas da Liberdade, e misture. Em meia hora está pronto um cozido para quatro pessoas.

Claro que os cozinheiros de fim de semana fazem receitas mais sofisticadas, fritando cebolas até caramelizar, juntando alho, gengibre e maçã ralada, cozinhando bochechas de boi japonês, para que a gelatina natural da carne enriqueça ainda mais o sabor do cozido.

Depois de todos os ingredientes juntos, a mistura é cozida em fogo baixo por três horas e fica descansando uma noite, para que os sabores se agreguem. Além disso, para extrair ao máximo os aromas, o *blend* de temperos também pode ser feito com especiarias levemente torradas e depois trituradas.

Um pouco diferente dos currys hindus ou tailandeses, o kareraisu contém farinha em sua mistura; logo, é um cozido espesso e um pouco pesado, mas a mistura dos temperos com o adocicado das verduras faz dele uma verdadeira *comfort food*, daquelas que dá saudade e vontade de comer de novo!

Kareraisu de verão (curry de vegetais)

Esta receita simples, em que os legumes são servidos ainda crocantes, é muito apreciada pelos japoneses em um almoço de verão.

Rendimento 4 porções

Ingredientes

1/8 de uma abóbora do tipo kabotcha com casca e cortada em fatias

1 berinjela em rodelas

1 cebola picada

2 dentes de alho picados

1 pimentão vermelho em tiras

1 pimentão verde em tiras

2 tomates sem pele e sem sementes

1 talo de salsão picado

1 colher de sopa de gengibre picado

1/2 pimenta vermelha sem sementes

2 colheres de sopa de azeite

2 colheres de sopa de manteiga

2 colheres de sopa de farinha

1 colher de sopa de curry em pó (ou mais, se preferir picante)

1 colher de shoyu

Sal e pimenta

700 ml de caldo dashi ou caldo de legumes (pode-se substituir por caldo instantâneo)

Observação No caso do uso de preparado de curry pronto (vendido em lojas orientais), pode-se eliminar o curry, a farinha e a manteiga da receita e colocar 100 g do preparado.

Em uma frigideira, frite levemente todos os legumes, as fatias de abóbora, os pimentões e as rodelas de berinjelas, temperando levemente com sal e pimenta. Coloque em um prato à parte e reserve (eles devem ficar crocantes, mas a berinjela e a abóbora macias).

Na mesma frigideira, frite o alho, o gengibre, a cebola, o salsão e a pimenta vermelha (se quiser picante). Coloque os tomates e o caldo-base e deixe cozinhar.

Em outra frigideira, coloque a manteiga e nela frite a farinha e o pó de curry (se não for usar o preparado pronto). Frite lentamente em fogo médio para baixo, até dourar. Coloque aos poucos nessa mistura o caldo e continue a mexer para não empelotar.

Cozinhe esse molho por mais 15 minutos até ficar bem homogêneo. Tempere com o shoyu, o sal e a pimenta.

Por último, retorne os vegetais à panela, cozinhe por alguns minutos e sirva com arroz branco japonês.

O melhor e o pior sushi da minha vida

Morando em Tóquio, obviamente me perguntam freqüentemente qual eu considero o melhor sushiya do Japão e pedem o endereço. Tenho vários, dependendo da ocasião e do bolso, mas o restaurante que mais me impressionou vai ficar só na lembrança e talvez nunca mais me receba em seu balcão.

Tudo aconteceu em dezembro de 2006. Eu tinha ouvido amigas e alunos falarem do Araki, lido sobre ele em revistas, visto na TV e resolvi aproveitar a visita de um amigo para experimentar.

A localização, numa casinha sem placa nem número em uma área residencial nos arredores de Tóquio, tornou complicado encontrar o lugar. Antes disso, já havia sido difícil reservar. O Araki não abre no almoço e no jantar faz apenas duas rodadas em seu balcão de 12 lugares. Apesar de ter telefonado com mais de duas semanas de antecedência, só consegui lugar no horário das 18h às 20h; o nobre, das 20h às 22h, quando é freqüentado por gente como o diretor de cinema Takeshi Kitano, já estava cheio.

Cheguei às seis; vi que meu amigo ainda não estava lá – combinamos de nos encontrar no local – e que os outros dez lugares já estavam ocupados por japoneses. Era a única desacompanhada. Tranqüilizei o pessoal dizendo que, como todo estrangeiro, meu acompanhante estava um pouquinho atrasado, mas chegaria.

O dono, Araki san – que, apesar do nome, é um autêntico sushiman –, me explicou que a rodada era feita para os 12 clientes ao mesmo tempo. Ele começaria servindo algumas guloseimas para abrir o apetite, mas, em seguida, cortaria cada peixe em 12 porções para servir todos juntos.

Começamos com pezinhos de lulas grelhadas, ovas de bacalhau marinadas, fígado de abalone, um molusco do tamanho de uma das mãos, que chega a custar US$ 100 nos mercados japoneses – imagine então no restaurante! Apesar do prazer a cada mordida, comecei a ficar preocupada: e se o meu amigo não chegasse?

O ambiente começou a ficar pesado; já eram mais de 30 minutos de atraso, demais para qualquer japonês suportar. Apesar da aparência terrível que lhe dá a cabeça completamente raspada, o chefe me diz gentilmente que fará a turma esperar mais um pouco, mas terá de começar às 18h45, ou não conseguirá terminar os 16 tipos de sushis do dia.

Se, no início, o pessoal estava gentil comigo e falava mal dos *gaijins* que não respeitam os horários, depois de 45 minutos de espera, o clima era de total desprezo para a minha pessoa em particular e para todos os *gaijins* do mundo em geral. Finalmente, em meio ao silêncio que lembrava mais um templo, o telefone tocou e meu acompanhante se disse impossibilitado de comparecer. Desatei a pedir muitas desculpas a todos, só faltou eu ajoelhar e fazer um haraquiri!

Araki, então, retirou da geladeira um pedaço de 6 kg de hon maguro (verdadeiro atum, em japonês), o maior e melhor dos atuns, pescado na região de Ooma, norte do Japão, e dividiu a peça em três: o atum é composto de 80% de akami (carne vermelha), 15% de chuo toro (carne mais gorda na região próxima à barriga; chuo significa meio) e 5% de toro, parte mais gorda da própria barriga. O chef foi dividindo as porções para formatar os sushis; dava para ver na cara dele a contrariedade por ter que alterar seu trabalho metódico, cortando 11, em vez de 12 pedaços.

O resultado, porém, foi perfeito. O arroz era um pouco avermelhado, temperado com akazu (vinagre de arroz vermelho), na temperatura precisa e moldado na pressão certa, o suficiente para não desmanchar na mão e, sim, na boca!

Em seguida, passaram lulas, cavalinhas, pargos, linguados, ouriços, olho de boi, carapaus, enguia do mar, abalones, camarões, ovas de salmão, kohada (da família do arenque, mas menor), akagai (um molusco vermelho). Enfim, tudo do mais tradicional, mas feito da maneira mais simples possível, sem longas marinadas ou cozimentos desnecessários.

Os peixes chegavam ainda perfumados e com sabor do mar. Cada ingrediente era escolhido a dedo e feito da maneira mais despojada possível – naquele silêncio, só se ouviam os suspiros de satisfação. A enguia do mar (anago) era tão macia que Araki a colocava diretamente na mão do cliente, pois no balcão desmanchava.

Apesar de estar degustando o melhor sushi da minha vida, eu tinha dificuldade de engolir cada porção; a cadeira vazia ao lado me acusava e, a cada novidade colocada à minha frente, os olhos de Araki diziam: "Veja o que seu amigo perdeu!".

Na última rodada, ele perguntou se os clientes gostariam de repetir algum. Obviamente, fiquei calada no meu canto, tentando me fazer de invisível, mas os vários pedidos de maguros me confirmaram como os japoneses adoram o atum!

No fim, dos fundos da casa surgiu uma jovem com um pratinho de laca vermelho que trazia a notinha de cada cliente e aí percebi que o meu martírio ainda não havia terminado – a casa não aceitava cartão e eu, que tinha sido convidada, obviamente não trazia notas suficientes. Saí na noite fria e escura daquela área completamente residencial à procura de um caixa eletrônico, ouvindo risinhos irônicos vindo do resto da sala.

Por sorte, quando voltei, 12 novos clientes estavam sentados no balcão, com aquela cara feliz de quem sabe que vai comer bem. Eu paguei, agradeci Araki san e saí correndo!

Esta receita, mais familiar e fácil de fazer, vai deixar sua mesa de festa colorida e apetitosa.

Rendimento 8 porções

Receita de arroz básico de sushi

600 g de arroz tipo japonês (de grãos redondos)

700 ml de água

75 ml de vinagre de arroz (pode-se substituir por 50 ml de vinagre de vinho branco com 25 ml de água)

1 colher de sopa cheia de açúcar

1 colher de chá rasa de sal

1 colher de sopa de sake (opcional)

1 pedaço de 10 cm de alga kombu seco (opcional)

Lave bem o arroz até a água ficar transparente e deixe-o descansando na peneira por meia hora.

Coloque em uma panela de fundo grosso o arroz lavado, a água, o sake e o kombu (esses ingredientes são facultativos e usados para dar gosto e brilho ao arroz).

Coloque no fogo forte, com a panela tampada. Quando ferver, abaixe para o fogo mais fraco e deixe tampado por mais ou menos 20 minutos; passado esse tempo o arroz deve estar seco. Desligue o fogo (retire a alga kombu) e deixe a panela tampada com um pano de prato entre a tampa e o recipiente, para evitar que a condensação faça cair água sobre o arroz, molhando-o. Deixe descansar por 10 minutos.

Enquanto isso, misture o vinagre com o açúcar e o sal até dissolver (se precisar, pode esquentar um pouco). Coloque o arroz quente em uma grande vasilha, de madeira de preferência (a madeira absorve o excesso de umidade do arroz), e despeje o preparado.

Com uma espátula, misture o arroz com cuidado para não amassar os grãos; ao mesmo tempo, com um leque ou um ventilador, esfrie o arroz o mais rápido possível (isso dá brilho e consistência ao arroz).

O arroz morno está pronto para uso. Cubra com um pano úmido para que ele não resseque.

Cobertura

Atum cru (cortado em fatias finas)

Camarão cozido

Salmão cru (cortado em fatias finas)

Carapau cru

Lula crua

Omelete assada como crepe, bem fino

Ovas de salmão

Carpaccio de carne de boi

Vegetais: brotos de nabo, rabanete, pepino

Qualquer cobertura é possível; o único cuidado é cortar de maneira fina para facilitar a degustação, respeitando o equilíbrio do gosto do arroz com a cobertura.

Para fazer o temari sushi, um quadrado de 5 cm de filme transparente é necessário. No centro se coloca a cobertura e uma bola de arroz de sushi de 25 gramas. Enrole o filme plástico na bola de arroz, bem apertado, e feche a extremidade com um fio ou elástico. Está pronto!

Desfaça o filme só na hora de servir. Pode-se decorar com wasabi ralado (raiz forte japonesa), gengibre ralado ou em conserva.

Estação gourmet

Depois da primavera das cerejeiras, é a vez do outono, a estação do ano que tinge de vermelho as folhas que mais fazem os japoneses se sentirem japoneses! Apesar dessa manifestação da natureza ocorrer em todos os países com climas temperados, o Japão realmente cultua esse período.

Dos jardins do parque municipal ao das residências, todos são projetados de maneira a mostrar nitidamente as cores do outono, mas nem todas as árvores dão aquele vermelho e amarelo em profusão.

Na verdade, essa coloração é resultado da preparação de algumas espécies para a chegada do inverno. Elas param a produção de clorofila, o verde desaparece e as outras cores tomam conta das folhas, começando assim o processo de sua hibernação.

A intensidade do colorido também depende da temperatura das estações. Quanto mais quente o verão e mais frio o inverno, mais nítida essa profusão de tonalidades.

No Japão, a árvore mais cultuada nesse período é o Bordo, tão bem representado por meio de sua folha na bandeira do

Canadá. O tipo japonês (Kaede) não serve para produção de xarope como o canadense (*maple syrup*), mas é o mais delicado e com a coloração mais exuberante.

Apesar de a primavera da cerejeira em flor ser a época mais famosa, é com o outono, e com esse clima melancólico, que os japoneses mais se identificam. Não somente porque é um período de contemplação da natureza, mas também porque é a estação gourmet do ano.

É a época de colheita do arroz. O shinmai (arroz novo) é o melhor do ano, independente de sua origem e qualidade. Recém-colhido, é doce e molhadinho, seu frescor invade os supermercados e, pelo menos até o fim de novembro, podemos saborear e sentir a diferença do arroz comum. Os preços e as marcas são os mesmos, apenas têm um selo com a palavra "novo".

Também é a época dos cogumelos. Apesar de os tipos de cultivo darem a falsa impressão de que não há mais a estação certa, só no outono podemos degustar o último dos não-cultiváveis, o Matsutake, rei dos cogumelos. A trufa ou o cepe japonês (tanto no preço quanto na raridade, chega a custar US$ 100 a unidade). É um cogumelo que só nasce nas proximidades do Pinheiro Vermelho (Akamatsu). Ele não é apenas perfumado; sua textura, sabor e, acima de tudo, sua forma explicam por que é considerado o rei. É, sem dúvida, o cogumelo perfeito.

E, se até as árvores se preparam para o inverno, imagine o que fazem os peixes! Todos os peixes dos mares, nos arredores do arquipélago, estão gordos para enfrentar a temperatura baixa das águas dos mares japoneses. É no inverno que se come o melhor toro (lê-se "torô", a parte gorda da barriga do atum), o melhor salmão selvagem, que volta para desovar nos rios japoneses, e mais popularmente todos os tipos de sardinhas, cavalinhas e carapaus, que ficam ótimos grelhados apenas com sal ou, ainda melhor, sobre braseiro.

Por fim, não são só as árvores e peixes que se preparam no outono. Os próprios japoneses entram em ritmo de engorda. Claro que sempre chegará a primavera e a época das dietas para poder enfrentar a praia no verão. Mas, por enquanto, o casaco grosso vai escondendo as formas.

Pode parecer estranho, mas manteiga e shoyu fazem uma bela e gostosa combinação. Esta receita, com aromáticos cogumelos japoneses, fica ótima para acompanhar peixes ou carnes grelhadas, ou mesmo misturada com arroz branco japonês.

Rendimento 2 porções

Ingredientes

2 cogumelos shiitake

2 cogumelos eringues (se não tiver, pode substituir por outro)

1 pacote de cogumelos shimeji

1/4 de cebola picada

30 g de manteiga sem sal

2 colheres de shoyu

1 colher de sopa de sake

1 colher de sopa de mirin

Sal

Pimenta do reino

1 colher de sopa de cebolinha picada bem fininha

Corte o shiitake em 4. Corte o eringue em fatias (fica mais gostoso se for cortado à mão e não na faca). Separe os raminhos do shimeji. Não lave nenhum dos cogumelos, apenas corte a parte inferior, que normalmente contém terra, e passe um pano ou papel-toalha úmido para retirar a sujeira (se tiver).

Frite a cebola picada na manteiga sem deixar queimar e coloque os cogumelos. Quando perderem um pouco o volume, tempere e deixe os cogumelos absorverem o líquido do tempero. Verifique o tempero, coloque sal e pimenta e, se quiser, sirva com a cebolinha picada, polvilhada por cima.

Os cogumelos devem ser salteados em fogo forte para não perderem muito o volume nem ficarem borrachudos.

O Tempura

Assar, grelhar, cozer ao vapor. Se me perguntarem qual é a melhor técnica de cozimento, não hesito: é o tempura.

Pode parecer estranho para alguns, em tempos de cozinha molecular, exaltar a simples e velha fritura. Acontece que o tempura não é fritura, é arte. Uma fina crosta crocante envolve um legume ou fruto do mar fresco que, em segundos, é cozido em seu próprio vapor, preservando todo o seu sabor e características.

O tempura foi trazido para o Japão pelos missionários portugueses no século 16 – e, como todas as técnicas que os japoneses aperfeiçoam, acabou transformada em algo bem distante das frituras que conhecemos. Aos poucos, o prato se difundiu pelo país inteiro, tornando-se um dos mais populares.

Mas claro que existem os tempurazinhos e "O Tempura". Os tempurazinhos são aquelas friturinhas que de vez em quando fazemos em casa, ou comemos no restaurante da esquina.

O Tempura é outra coisa. É aquele que comemos uma vez ao ano, com reserva. O chef prepara tudo ali, na nossa frente:

escolhe e separa os legumes da estação, um por um. A casquinha é quase uma renda que envolve cada pedaço, e, em seu interior, aquele aspargo, como nunca comi, aquela cebola, aquela batata-doce... E o camarão? Doce e perfumado.

O *meu* Tempura é do chef Kondo, em Ginza. Faz quase 30 anos que ele está lá, todos os dias (com exceção de domingo), preparando O Tempura no almoço e no jantar para um balcão que acomoda 15 pessoas. Sempre me sinto como uma criança na frente da árvore de Natal: cada vez que ele coloca uma fritura no meu prato é uma surpresa!

E não há nenhuma máquina. Nenhuma técnica mirabolante. Nenhum segredo. É farinha de trigo, água misturada com ovo batido e uma panela com óleo de gergelim não torrado.

Do outro lado, uma cesta de vime com vários legumes recém-chegados da horta. Ele tem dois ajudantes, que só lavam e cortam. Nunca mexem na fritura.

Kondo san delicadamente pega cada produto, passa levemente na farinha e depois pela massinha fina. Tudo em questão de segundos, como uma dança. E nesse bailado entram vieiras, pimentão, favas, broto de bambu, enguia do mar, uma cenoura – mas cortada como cabelo de anjo, doce e crocante!

Os ingredientes ficam apenas alguns segundos no óleo, cada um no seu tempo, para que o legume não perca a textura e seu amido seja transformado em açúcar.

Depois de degustar mais de 20 Tempuras (e é só tempura), você sai dançando de tão leve.

(Não adianta me pedir a receita, nunca consegui fazer nenhum que chegasse perto do Tempura do Kondo san. Mesmo usando os mesmos ingredientes, o mesmo óleo e a mesma panela...)

Não vai ser o tempura do Kondo san, mas este vai ser o máximo que você vai poder fazer para chegar perto, sem precisar pegar um avião.

Rendimento 4 porções

Massa do tempura

1 ovo inteiro gelado

200 g de farinha peneirada e gelada

400 ml de água gelada

Misture o ovo com a água gelada numa vasilha gelada sobre banho-maria frio (água com gelo). Peneire por cima dessa mistura a farinha em uma vez só.

Misture levemente com 2 palitinhos longos ou 2 espetos (não use fouet nem colher de pau), deixando a mistura bem empelotada com farinha nas superfícies e nas bordas. A massa só deve ser feita segundos antes de fritar. Antes disso, deixe preparados todos os ingredientes.

Ingredientes

8 camarões grandes ou 12 camarões médios (pode-se acrescentar filé de peixe branco, vieiras, lulas etc.)

4 shiitakes inteiros (sem o talo)

4 pimentões cortados em 4 (no comprimento)

1 berinjela (em rodelas)

1 batata-doce em rodelas (mergulhe em água para retirar o amido)

8 aspargos verdes

4 folhas de shiso ou basílico (sálvia também serve)

Molho

Gosto muito do tempura passando depois de frito no sal e pimenta, mas, tradicionalmente, existe o molho:

Tentsuyu (molho para tempura)

$^{2}/_{3}$ de copo de dashi (caldo-base japonês feito de peixe seco)

2 colheres de sopa de shoyu

2 colheres de sopa de mirin (sake doce) (pode ser substituído por açúcar)

Coloque todos os ingredientes em uma panela e leve ao fogo. Quando ferver, o molho estará pronto. É servido com nabo cru ralado e gengibre fresco ralado a gosto.

Preparo dos ingredientes

Todos os vegetais devem ser cortados em espessura e tamanho não muito grandes para facilitar o cozimento.

O camarão deve ser descascado. Deixe o rabo, mas retire a cabeça e o intestino dorsal (retire com um palito, picando no dorso). Faça 3 cortes transversais na barriga do camarão, isso impede que ele se curve.

O camarão deve estar bem seco para que a massa o envolva completamente. Uma pitada de sal pode ser colocada. Qualquer peixe de carne branca pode ser utilizado; ele deve ser limpo e sem espinhas. Dê preferência a peixes de carne firme. Tanto o peixe como o camarão devem ser finamente empanados com farinha antes de serem mergulhados na massa.

Modo de fazer

Aqueça o óleo a 170 °C e comece a fritar os vegetais. Pode-se passar na farinha, retirando bem o excesso, e depois passar na massa – isso permite que a massa fixe bem.

Retire o excesso da massa e coloque no óleo. Não frite muitos por vez para não diminuir a temperatura. Depois dos vegetais, aumente a temperatura do óleo a 180 °C e frite os camarões e os peixes.

Não espere que os camarões dourem. Se pegarem cor, já estarão cozidos demais e ficarão duros e sem graça. Estando crocante por fora, a massa indicará que já estão prontos.

Sirva com o molho à parte e tigelinhas com sal e pimenta. Cada um tempera a gosto seu tempura (suco de limão também combina bem com frutos do mar).

O (outro) ritual do chá

Se os franceses têm as *vendanges* (colheita de uvas para fabricar o vinho) no outono, nós, japoneses, temos o ritual da colheita de chá verde na primavera. Depois do longo inverno, maio e junho, com seus dias ensolarados, são um convite para as atividades ao ar livre. No Japão, as estações do ano são bem definidas, e é reconfortante marcar a mudança saindo com a família para colher brotos e folhas do arbusto.

O chá chegou ao Japão há 1.200 anos, trazido por monges budistas chineses. No início, o tipo chinês não foi muito apreciado; cheiro e sabor eram muito fortes para o paladar nipônico. Com o tempo, os japoneses desenvolveram seu próprio processo de produção e é esse processo que confere personalidade a cada tipo: apesar de parecerem tão diferentes, os chás verde (não fermentado), chinês (semifermentado) e preto (totalmente fermentado) são feitos de folhas da mesma planta, a camélia sinenis.

Os japoneses consomem o chá verde como os brasileiros bebem café – porque gostam! O consumo já foi bem maior –

hoje, ele concorre com um bom expresso, o chá preto ou uma variedade dos chás chineses –, mas continuamos a beber nas refeições ou acompanhando um docinho, uma média de três a quatro tacinhas por dia.

Como nos vinhos, podemos ter anos bons ou ruins, mas nenhum chá verde fica melhor com o tempo; ao contrário, ele só tende a perder seus aromas e sabores delicados. Na verdade, já no momento da colheita as folhas desencadeiam seu processo de fermentação natural, seus fortes taninos começam a oxidar e elas escurecem rapidamente.

Na produção do chá verde japonês, no mesmo dia em que são colhidas, as folhas são passadas no vapor por 70 segundos e depois desidratadas, para evitar a oxidação e manter a cor original e o sabor suave e amargo. É nesse amargo que se concentram os flavonóides mais importantes do chá verde, o catechin, cujas virtudes são atualmente aclamadas no mundo inteiro (muitas vezes exageradas).

O produto de boa qualidade usa apenas as folhas dos brotos de cada galho, colhidas tenras, no início de maio, quando o sol ainda não é tão forte. Alguns tipos, como o gyokuro, também são cobertos com telas escuras, para não receberem nenhum raio solar.

Como um bom grão de café, o chá de boa qualidade deve ser colhido à mão e, depois de passada pelo vapor, cada folha é enrolada e desidratada lentamente, até ganhar um formato de agulha. Mais tarde, em contato com a água quente, a folha se abre, soltando lentamente todos os aromas e sabores.

É mais ou menos o que acontece com o paladar: na boca, o gosto amargo do início vai aos poucos se transformando em adocicado e sua cor verde é um verdadeiro colírio. Se, ainda por cima, faz bem à saúde, tanto melhor.

Nunca pensei que o chá verde combinasse tanto com leite, mas fazendo esta receita descobri como o leite suaviza o amargo do chá verde; ao mesmo tempo, faz essa sobremesa ser apreciada mesmo por gente que não gosta de doce.

Rendimento 6 porções

Ingredientes
200 ml de leite
6 g de gelatina em folha (4 folhas)
3 gemas
100 g de açúcar
260 ml de creme de leite fresco
15 g de chá verde de cerimônia (Matcha)

Dilua o pó de chá em 2 colheres de sopa de água fria até formar um líquido espesso, mas sem grumos. Esquente o leite (sem ferver). Misture as gemas com o açúcar até derreter todo o açúcar.

Enquanto isso, deixe as folhas de gelatina em água fria por 10 minutos para amolecer. Coloque o leite quente nas misturas das gemas com o açúcar e leve ao fogo até engrossar, sem parar de mexer (não deixe ferver, senão talha).

Retire do fogo e junte o chá verde diluído na água e as folhas de gelatina (que se espremeu bem para retirar a água). Mexa até derreter bem a gelatina, coe a mistura em peneira fina e coloque em banho-maria gelado (em uma vasilha de água com gelo). Continue a mexer até esfriar a mistura (não deixe esfriar demais, senão endurece). Acrescente na mistura o creme de leite que foi batido em chantilly mole, misture bem e coloque em uma fôrma molhada, ou em forminhas individuais. Leve à geladeira para endurecer por 2 horas.

Marmita sob cerejeiras em flor

Obento quer dizer marmita, algo que sempre esteve e continua a estar profundamente presente no dia-a-dia dos japoneses. Começa cedo, aos três anos, logo no jardim da infância: primeiro dia da escola, primeira refeição fora de casa. Abrir seu obento ao meio-dia, junto com os novos amiguinhos, leva a criança por alguns instantes de volta à sua casa, o cheiro familiar, aquele tempero, o gosto da mãe, uma verdadeira *comfort food*.

Ainda hoje isso persiste no Japão moderno. Grande parte dos estudantes leva diariamente seu obento feito em casa, mas não só eles; entram no rol dos adeptos o pai com problemas de colesterol, a universitária sem dinheiro e a adolescente em dieta. É econômico, balanceado e pode ser muito saudável!

Mas há outro tipo de obento, vendido nas estações de trem das províncias japonesas. Ah! Esses são maravilhosos, cada estação com a especialidade da região: os sushis de cavalinhas (peixe gorduroso, valiosa fonte de vitamina e óleos) de Kyoto, a língua de boi grelhada no carvão de Sendai ou o arroz com siri desfiado de Niigata. Dá vontade de viajar só para comer obento no trem-bala, contemplando o monte Fuji à distância, muito mais bonito visto de longe do que de perto.

Virou uma verdadeira guerra entre as estações. Quem faz o melhor obento; o produto que realmente representa a região; as embalagens cada vez mais sofisticadas, algumas em bambu, outras até em cerâmica.

Se antigamente existia um tipo em cada estação, hoje são dezenas de escolhas, uma melhor que a outra. Existem até competições regionais e nacionais para decidir o melhor obento ferroviário do ano.

Agora, em plena época das cerejeiras, quando o tradicionalismo exige que se coma um obento à sombra de uma delas, o hábito provoca um verdadeiro empurra-empurra nas seções de comida das lojas de departamentos. Todos querem o obento da primavera, aquele que contém todos os ingredientes da estação, em caixa de madeira com diversas divisões, o conteúdo dependendo da loja. Pode ser típico japonês, chinês (com camarão empanado), italiano (com presunto cru) ou francês (com aspargos brancos).

Os preços variam de US$ 10 a US$ 100, mas os mais vendidos são os que custam em torno de US$ 20 e trazem comida típica japonesa.

Depois, com o obento em mãos, mais um empurra-empurra, este para escolher um espaço no jardim público, para colocar uma esteira ou procurar um banco e degustar sua marmitinha primaveril com amigos ou a família. O hanami (observação das cerejeiras em flor) é tão festejado aqui quanto o Carnaval no Brasil.

Improvise o seu. Sugiro um obento japonês bem primaveril, cheio de coisas rosadas que lembrem as cerejeiras (como carne de siri ou camarão), algumas flores comestíveis como na-no-hana (flor de colza, uma variedade de couve comestível), uma receita de ovo (pelo renascer, primavera) e alguns doces japoneses.

Sei que as poucas cerejeiras do Brasil só vão florescer na primavera, mas não faz mal: procure um ipê ou uma buganvília e faça sua receita de obento hanami! Bom apetite!

Esta omelete talvez seja o item mais popular em todas as refeições japonesas. Gostosa mesmo fria, permite muitas variações e seu tom amarelado dá um colorido à marmita.

Rendimento 2 porções

Ingredientes

4 ovos

2 colheres de sopa de dashi (caldo-base japonês) (pode-se substituir por caldo de galinha)

1/2 colher de sopa de açúcar

1/2 colher de chá de sal

4 colheres de sopa de sake

Óleo para untar a frigideira

Misture todos os ingredientes e passe pela peneira. Unte uma frigideira antiaderente com uma fina camada de óleo quando estiver quente. Coloque uma concha da mistura de ovos, enrole depois de cozido – como um rocambole – a fina camada de omelete. Coloque mais uma concha. Empurre o rocambole em um canto da frigideira e enrole a nova camada de omelete sobre a primeira e assim em seguida até terminar a mistura de ovos. A omelete japonesa não deve corar, nem secar demais.

Ainda quente, coloque a omelete sobre filme plástico e embrulhe como um rocambole, fechando bem as pontas. Deixe esfriar para manter o formato. Corte em rodelas depois de fria.

Tempera e alimenta

No meu primeiro dia em Tóquio, quando entrei no metrô logo de manhã, senti um cheiro estranho; era diferente de Paris e São Paulo. Enquanto era espremida por todos os lados, fiquei tentando adivinhar que cheiro era aquele. Missô! Era cheiro de missoshiru, a sopa de missô que os japoneses consomem no café-da-manhã!

Missô é uma massa de soja fermentada, na verdade, um tempero, algo que substitui o sal e dá sabor aos alimentos. Conhecido como alimento japonês, o missô surgiu na China, há mais de 2.500 anos, e só foi introduzido no Japão no século 7º, por monges budistas.

Com o passar dos séculos, os japoneses foram aperfeiçoando o produto, e assim nasceram o missô e o shoyu que conhecemos atualmente. Que são, na verdade, a base de toda a cozinha japonesa.

Ainda hoje, no interior do Japão, o missô é feito caseiramente, e cada região tem as suas receitas e variedades. A receita básica leva soja cozida, arroz fermentado (com o fungo *aspergillus oryzae*), sal e algum grão cozido, como cevada, trigo ou arroz.

Quase todo ano faço o meu, cerca de 8 kg de uma vez, de preferência no inverno, quando o frio ajuda a evitar que alguma bactéria contamine o alimento. É simples: depois de amassar bem todos os cereais, salgar e colocar em um recipiente de cerâmica, deixo fermentar em um quarto escuro e frio por três meses.

Na verdade, ele fica bom mesmo depois de um ano, mas, infelizmente, não dá para esperar todo esse tempo – e justamente no fim, quando está quase acabando, é que ele fica melhor. Com a fermentação, o amido do cereal vai se transformando em aminoácidos, dando sabor e perfume à massa, e, um pouco como o vinho, só com o tempo isso acontece.

Sendo um tempero vivo, o missô deve ser usado com cuidado, acrescentado só no final da preparação e evitando que ferva, para não perder o aroma e muito de suas propriedades. Além de gostoso, o missô é conhecido como o tempero que alimenta: sua quantidade de proteína é alta e muito mais digestiva que qualquer carne ou peixe.

Depois de morar anos em Tóquio, quando entro hoje no metrô, não sinto mais cheiro de nada. Para ser sincera, acho que eu já estou cheirando missô!

Sopa missoshiru de vôngole

Esta sopa muito popular no Japão é bastante fácil, pois não usa o caldo-base (dashi).

Rendimento 4 porções

Ingredientes

250 g de vôngoles (mariscos) (Deve ser sem areia. Se o peixeiro não tirou, coloque-o em água salgada por 6 horas para que o vôngole solte a areia)

800 ml de água

1 colher de sopa de sake

2 colheres de sopa de missô

1 colher de sopa de cebolinha picada

Coloque os mariscos sem areia e bem lavados na panela com a água fria e o sake. Leve ao fogo e cozinhe até os mariscos todos se abrirem. Retire as impurezas da superfície, desligue o fogo e dissolva bem o missô. Sirva com cebolinha picada por cima.

Delícia ou praga?

Se, no Ocidente, a chegada da temporada das trufas faz salivar os gourmets mais endinheirados, a grande expectativa no Oriente são os caranguejos da cidade de Xangai. É no outono-inverno que o crustáceo se enche de ovas e ganha sabor mais doce e delicado.

Recentemente, em uma viagem à província chinesa, descobri o melhor (e o mais caro) de todos eles. É o Yang Cheng lake crab, produzido nas águas límpidas do lago Yang Cheng, ao norte de Xangai, tão nobre que até selo especial de origem tem, gravado a laser na própria carapaça, para evitar falsificações (não se esqueça de que estamos na China). Cada um chega a custar US$ 100.

O caranguejo é cozido simplesmente no vapor, e sua carne, retirada na frente do cliente, com um garfo pequeno e longo, manejado com delicadeza pelas garçonetes. Na carapaça fica um creme doce e alaranjado (as ovas e o coral), degustado com colher, sem molho ou tempero – o gosto original é suficiente por si só!

Pois não é que uma iguaria dessa vem espalhando medo em vários países do mundo? Não por risco de contaminação e doenças, como virou moda nesses tempos de vacas loucas ou frangos contaminados pela gripe aviária; o mal do caranguejo de Xangai é, digamos, o seu jeito arrojado.

Tudo começou em 2003, quando graves inundações fluviais deixaram centenas de desabrigados em San Francisco. A causa? Um mistério. Depois de sérios estudos ambientais, o governo norte-americano descobriu o porquê. Milhares desses caranguejos – importados pelos chineses de Chinatown – haviam feito seu habitat em margens e barragens naturais do rio. Furadas como peneiras, as barragens não resistiram às chuvas e cederam, inundando tudo ao redor. Depois disso, governantes dos Estados Unidos proibiram a importação de qualquer caranguejo de Xangai, mesmo congelado. Em Londres, problema semelhante foi registrado no Tâmisa, e a importação de exemplares vivos, proibida.

Chamado cientificamente de *Eriocheir sinensis* e vulgarmente de *chinese mitten crab* ou *hairy crab* (*hairy*, peludo, por causa dos pêlos em volta das pinças), o caranguejo virou notícia também no Japão. Até há pouco tempo, eu podia comprá-lo vivo em Tsukiji, o mercado de peixe, para minhas aulas ou eventos. Agora, a festa acabou, e só pessoas com licença especial podem importar a iguaria da China. Tudo porque descobriram alguns desses caranguejos em plena baía de Tóquio – haviam fugido de Tsukiji!

Se existe um problema ambiental com o Yang Cheng – ele come de tudo, tanto vegetal quanto animal, tem poucos inimigos na natureza e procria rapidamente –, minha solução não exige mais do que 20 minutos no vapor: vamos degustá-lo mais rapidamente ainda! Dia desses fiz com eles umas casquinhas que ainda me enchem a boca de água, só de lembrar!

Esta torta faz muito sucesso entre os japoneses, pois tem o gosto do mar combinado com manteiga, e o shiso perfuma de maneira oriental.

Rendimento 6 porções

300 g de massa folhada

300 g de carne de caranguejo desfiada (fresco, se tiver; ou congelado; ou em lata)

200 ml de creme de leite fresco

1 ovo inteiro

1 gema

1/2 colher de sopa de molho inglês

algumas gotas de Tabasco (o suficiente para dar um picante, sem sentir o gosto do Tabasco)

sal e pimenta

2 talos de cebolinha branca (naga negi) picada e refogada em uma colher de manteiga (pode-se substituir por 1 alho-poró)

10 folhas de shiso (aquela folha perfumada que vem no sushi) picadas

Abra finamente a massa folhada e coloque na fôrma (torta redonda de 21 cm, ou retangular de 30 cm). Deixe descansar por 20 minutos na geladeira.

Coloque a cebolinha, o shiso e a carne de caranguejo no fundo da torta. Bata em uma vasilha o creme com os ovos e gemas, tempere bem e coloque por cima da mistura de caranguejo e ervas.

Asse em forno pré-aquecido a 180 ºC por 35 a 40 minutos, até o fundo da torta ficar bem dourado. Sirva quente com salada verde.

Caça (ou pesca?) ao tesouro

Em fevereiro de 2006, tive a aventura mais extraordinária que uma cozinheira poderia desejar: fui pescar um tesouro! Isso não parece grande coisa, todo mundo sabe que os japoneses adoram pescar. Mas não era qualquer pesca, meu alvo era o que os japoneses chamam de rei dos mares, o hon-maguro – uma espécie de atum que não existe nos mares brasileiros, conhecida em inglês como *bluefin tuna* e em francês como *thon rouge*.

Tudo começou dois anos antes, quando li em um jornal japonês que um atum havia sido vendido no mercado de Tsukiji, em Tóquio, por US$ 200 mil! Como um peixe pode atingir o mesmo preço de um apartamento na cidade mais cara do mundo? Por algumas razões.

O peixe em questão era um hon-maguro de 200 kg, pescado à linha e morto alguns minutos depois com choque elétrico, para evitar que o estresse e a conseqüente descarga de adrenalina que ele provoca prejudicassem seu sabor. O nervo central também foi retirado, para descontrair os músculos e deixar sua carne mais macia.

A origem era "nobre", o mar de Aomori, região de Ooma, o mais tumultuoso e gelado, no norte do Japão. Assim como a época: o fato de ter sido pescado no início do inverno significava um peixe gordo, preparado para enfrentar as condições climáticas rígidas locais. Enfim, todas as condições necessárias para ter um bom toro (a barriga do atum) estavam presentes – e justamente no Ano Novo, quando os japoneses mais gastam. O quilo do toro pode chegar a US$ 20 mil em Ginza (bairro de Tóquio), onde se concentram restaurantes renomados.

Só então entendi um pouco o fato de o atum ser chamado de "jóia marinha" ou "diamante negro"! Fiquei imaginando o que seria pescar um tesouro como esse; uma aventura selvagem ou uma missão técnica, cheia de máquinas hipermodernas? Na verdade, nem um nem outro, mas uma mistura dos dois.

O arranjo para subir em um barco pesqueiro no mar de Ooma demandou semanas de negociações, com muitas apresentações tradicionais "à la japonesa". Claro que o fato de ser estrangeira – sou nissei – e mulher não ajudou muito.

A cidade de Ooma tem 7 mil habitantes, e todo mundo vive de pesca, da alga kombu ao atum, passando por lulas e peixes menores. A pesca de maguro se faz a partir do fim do verão até janeiro, na verdade quase meio ano, mas ele atinge seu melhor preço entre novembro e janeiro, justamente quando o mar fica mais perigoso. Aliás, todos os anos se ouve a notícia sobre algum barco sugado no turbilhão e a morte de alguns pescadores. E, mesmo nesses dois ou três meses, em menos da metade dos dias o mar é propício para a pesca.

Os barcos pesqueiros de Ooma são pequenos e têm somente um ou dois pescadores, normalmente alguém da família. Apesar do visual rudimentar, são equipados com motores ultrapotentes e sondas magnéticas que vasculham o oceano e custam mais de US$ 40 mil.

Apesar do maquinário moderno, só uma linha de náilon e uma luva de algodão separam o pescador do peixe; nada de vara nem molinete. Como isca, uma cavalinha ou uma lula viva, pescada pelo próprio, na noite anterior. A isca muda dependendo da época.

É impressionante ver como aqueles braços finos conseguem, só com as mãos, lutar com peixes de mais de 100 kg a mais de cem metros de profundidade. Na verdade, vi naquela pesca um verdadeiro retrato do Japão atual, essa mistura de moderno e tradicional, de gestos delicados, mas extremamente enérgicos.

A embarcação potente é essencial para ficar à frente do cardume; o atum é um dos peixes mais velozes, não pára de nadar nem para comer ou dormir. A sonda reconhece o cardume no fundo do mar, dando a posição exata ao pescador, mas só as mãos sensíveis e experientes reconhecem o momento exato para jogar e puxar a linha. E, apesar das centenas de barcos, aparelhos sofisticados e de anos de experiência, naquele dia só 11 atuns foram içados.

Apesar das centenas de pescadores na área, são poucos os bem-sucedidos; muitos dizem que ficarão felizes se conseguirem pescar um único maguro no ano. É por isso que a pesca do atum em Ooma vira uma aventura.

O peixe é imediatamente preparado, limpo e esfriado no gelo, depois colocado em uma caixa de madeira forrada, coberto com gelo picado e transportado imediatamente para Tóquio em caminhão refrigerado. A operação não leva um dia, e ele já está sendo leiloado na manhã seguinte no mais famoso mercado de peixe do mundo.

E, quando os apreciadores de sushi do mundo inteiro levam à boca um toro de Ooma, é também um pouquinho de tudo isso que se degusta! Pense nisso no próximo sushi ou sashimi.

Um clássico japonês. A passada na água fervente e o fato de deixar marinado encantam mesmo os que não gostam de peixe cru.

Rendimento 4 porções

Ingredientes

400 g de filé de atum fresco para sashimi
6 colheres de sopa de shoyu
2 colheres de sopa de sake
1 colher de chá de wasabi

Peça um filé de atum para sashimi, de preferência em formato retangular. Coloque em um saco plástico os temperos, misturando bem.

Ponha o pedaço de filé inteiro em uma panela com bastante água fervente e deixe imerso por 2 segundos (deve apenas mudar de cor). Retire e mergulhe o filé imediatamente em uma vasilha com bastante água com gelo. Deixe 3 segundos até esfriar completamente, enxugue com papel-toalha e coloque dentro do saco plástico com a mistura de sake, shoyu e wasabi.

Deixe marinando por 1 hora na geladeira. Vire o saco de vez em quando.

Corte em fatias finas e decore com folhas de shiso picadas, alga nori picada e gergelim torrado. Pode-se colocar as fatias sobre arroz japonês quente e temperar com o resto do molho e um pouquinho mais de wasabi, fazendo assim o maguro don (bowl de atum).

As delícias do caqui

Um bolo recheado e coberto ou um doce de três camadas são deliciosos, mas, às vezes, a simples fruta, sem adição de ingrediente, só naturalmente desidratada, pode conter sabores e texturas complexos, capazes de nos emocionar mais que pratos complicados de um grande chef. É o caso do caqui seco para mim.

Uma das poucas frutas nativas do Japão, o caqui era antigamente uma rara fonte de sabor doce ao final da refeição – tanto que era chamado kigashi, que significa doce de árvore. Basicamente, existem duas variedades, o adstringente – aquele meio pontudo, que tem gosto travado, cheio de taninos – e o não-adstringente.

Há muitas formas de tornar o caqui adstringente comestível. Uma delas é deixá-lo em temperatura ambiente até que fique mole, para ser consumido em colheradas. Minha mãe costumava colocar a fruta no freezer, depois de madura, e nos servia como uma espécie de *sorbet* de caqui. Outra maneira é umedecer levemente sua parte inferior (a da haste) com álcool, embrulhar bem em um saco plástico e deixar em temperatura ambiente por cinco a seis dias. Retirada a adstringência, coloque na geladeira se quiser saboreá-lo firme.

Consumir o caqui seco, porém, traz algumas vantagens. Além de se conservar bem por meses, ele tem mais vitaminas e minerais do que o fresco; seus açúcares se concentram e os fungos que cobrem a superfície formam aminoácidos, convertendo-se em um concentrado de sabores sem igual.

No Japão, o início do inverno apresenta dias ensolarados, mas secos, e um vento frio do norte sopra o dia inteiro. É a época ideal para o ritual do caqui seco, que repito todos os anos.

Pegue alguns caquis do tipo adstringente, ainda duros, mas com um bom colorido laranja (melhor com cabinho, que ajuda na hora de amarrar). Descasque cada um, amarre separadamente com um barbante e deixe secando no varal. Se você mora em lugar quente e úmido, aconselho a pendurar dentro da geladeira (é seco e frio).

O tempo de preparo vai depender do local: em boas condições climáticas, estará pronto para consumo depois de 20 dias – assim em natura, acompanhado de um bom vinho. Para conservar, aconselho congelar um por um, embrulhados em filme plástico, e só retirar do freezer algumas horas antes de degustar, para que se mantenham macios e deliciosamente *fondant*, molengo por dentro.

Salada de caqui com nabo

Tanto o caqui, quanto o nabo estão presentes na mesma época do ano (outono), o que faz desse prato uma combinação perfeita.

Rendimento 4 porções

Ingredientes

2 caquis

2 nabos redondos do tipo kabu (pode-se substituir pelo nabo japonês daikon normal, de 200 g)

1/2 maço de rúcula lavada sem os talos grossos

30 g de pinoli (pode-se substitui-lo por nozes) (Na frigideira sem óleo, torre ligeiramente os pinolis, para eles ficarem crocantes e perfumados)

Sal

Pimenta do reino

1 colher de chá de mostarda de dijon

1 colher de sopa de vinagre de vinho branco

3 colheres de sopa de azeite de oliva

Corte o caqui em 8 fatias. Após ter descascado, retire as sementes. Corte o kabu da mesma maneira. Se for nabo (daikon) japonês, corte uma rodela grossa em 4 porções, depois de descascado.

Faça um vinagrete com a mostarda, o sal, a pimenta, o vinagre e o óleo de oliva. Deixe o nabo e os caquis marinando no vinagrete por 10 a 20 min.

Coloque no prato as folhas de rúcula. Por cima, ponha os legumes marinados e, por último, o pinoli.

O caqui dá a esta salada um frescor e um adocicado que combinam muito bem o picante da rúcula e o crocante do pinoli.

O gengibre

Basta uma pitada e o prato fica exótico e oriental. Essa raiz, muitíssimo apreciada pelos orientais, vem sendo apreciada, não somente pelo paladar, mas também pelas suas virtudes medicinais.

O gengibre tem o efeito de aquecer e aumentar o metabolismo. Logo, sua associação é benéfica com produtos gordurosos, como o porco ou frituras, ajudando na digestão; tem a propriedade de amenizar o cheiro forte de alguns ingredientes, como peixe ou camarão, substituindo o limão, que muitas vezes desnatura o ingrediente.

No Brasil, quando se fala gengibre, me lembro logo do quentão nas festas juninas!

Originário das Índias, o gengibre se difundiu rapidamente em todo o continente asiático, sendo um dos componentes do curry, utilizado em pó. Foi dessa maneira que atravessou para a Europa e se transformou em uma especiaria, em bebidas (ginger ale) ou doces (ginger cookies ou ginger bread).

Já no Japão não se encontra muito o gengibre em pó, mas se consome muito do fresco, ralado ou marinado em vinagre. Aliás, da primavera ao verão, em plena estação do gengibre, ele se encontra fresco ainda com o caule e folhas. É o gengibre *nouveau*, leve, crocante e perfumado, ideal para acompanhar grelhados ou aromatizar um peixe cru.

O famoso "gari", aquele gengibre que acompanha os sushis, deve ser feito agora e pode ser conservado até a próxima primavera. Ele acompanha o sushi não como um enfeite, mas para ser consumido entre cada sushi, limpando e preparando o paladar para receber outro sabor.

Aliás, a própria conserva serve para preparar inúmeros pratos, servindo como tempero. Minha última descoberta é misturar o gengibre em conserva, o gari, com maçãs e fazer uma torta de maçãs – uma ótima combinação, experimentem! (Para uma torta média de 20 cm de diâmetro, misture com o recheio de maçãs 30 g de gengibre em conserva.) As lâminas finas de gengibre trazem uma textura agradável que combina com o macio da maçã, e o gosto final é leve e refrescante – vai mudar da eterna canela...

O gengibre comum que encontramos no Brasil é mais forte e fibroso; sugiro utilizar o suco (ralar o gengibre e espremer com um pano) e assim aromatizar os pratos.

Outra maneira agradável de utilizar o gengibre é confeccionar chips, cortando em finas lâminas quase transparentes, aferventar por 3 vezes para eliminar o gosto forte e não escurecer. Depois de escorrer a água, cozinhe dentro de uma calda rala de açúcar até engrossar, coloque o chips em tabuleiro antiaderente e seque por 1 hora ou mais em forno bem baixo (100 °C). Adoro utilizar esses chips em salada, ou mesmo sozinhos para acompanhar um chá quente.

Mas aqui, quando a japonesada se prepara para o verão, a última moda é o regime de gengibre, que consiste em tomar chá de gengibre o dia inteiro. Bom, melhor... Porque no ano passado a moda era o vinagre!

Rendimento 20 porções

Ingredientes

600 g de gengibre novo (se possível)

1/3 colher de chá de sal

Marinada

1 colher de chá de sal

5 colheres de sopa de açúcar

1/2 copo de água

3/4 de copo de vinagre de arroz ou maçã (se for utilizar vinagre de vinho branco, dilua 1/3 com água, pois é forte demais)

Lave bem os bulbos de gengibre e, se forem jovens, nem precisa descascar. Caso contrário, descasque e corte em rodelas bem finas, quase transparentes.

Leve para ferver com bastante água, retirando assim o gosto forte. Logo que ferver, escorra em uma peneira, repita a operação 3 vezes, se necessário (vai depender do picante do gengibre), e coloque em tabuleiro salpicando o sal por cima (1/3 colher de chá). O sal retira o excesso de água do gengibre.

Enquanto isso, leve ao fogo o sal, a água e o açúcar, até derreter. Retire do fogo e acresente o vinagre. Com as mãos, retire o excesso de líquido do gengibre, apertando bem. Misture com o vinagre temperado e coloque em recipiente para conserva. Esterilizando, chega a durar 1 ano, mas sem esterilizar e dentro de um recipiente plástico com tampa, na geladeira, dura três meses. A cor rosa se dá em reação química do gengibre com o vinagre.

Yakisoba, um capítulo à parte

Em matéria de massa, talvez seja um dos pratos japoneses mais populares no exterior. O Yakisoba, macarrão salteado com verduras e molho adocicado, é encontrado em várias formas e em todos os lugares do mundo.

O sucesso é igual aqui também. Para os puristas, o importante é o macarrão e sua consistência. Nem deve ter carne ou frutos do mar, só verdura: aliás, só muito repolho! O tempero (e o segredo!) do yakisoba é o molho caseiro, e este, cada lugar tem a sua receita!

Mas yakisoba é como cachorro-quente de barraquinha: popular, barato e rápido. E, como ocorre com o cachorrro-quente, as combinações mais esquisitas são feitas: maionese, torresmo, foie gras etc.

Antes de comentar os detalhes dos atuais yakisobas, prefiro abordar a origem: como quase toda massa, vem de Xangai, na China, onde tudo ainda é feito manualmente. A origem do yakisoba é o chow mei, em chinês, macarrão salteado, feito nas barraquinhas de ruas, mas também um menu constante em qualquer restaurante da cidade ou em casa (nos supermercados encontra-se facilmente massa fresca para yakisoba).

A maior diferença para o macarrão chinês é sem dúvida o tempero: o chinês usa só o molho de soja para temperar, enquanto o yakisoba japonês é fartamente salteado com o molho de yakisoba, que é uma espécie de molho inglês, mais adocicado e espesso.

A cidade de Fujinomiya, aqui no Japão, é conhecida como a cidade do yakisoba, uma pequena cidade nos arredores do Monte Fuji, onde mais de 150 lojinhas de yakisoba se enfileiram, disputando o cliente pelo módico preço de 300 ienes (US$ 3) o prato! Talvez mais do que os diversos sabores que oferece, como yakisoba de Abalone (espécie de molusco), boi de Kobe ou mesmo de foie gras, o que leva os gourmets à cidade é sem dúvida a qualidade da massa e a leveza do tempero.

Por que a cidade se especializou em yakisoba? Talvez por ter sido, antigamente, parada obrigatória para os visitantes do Monte Fuji, onde até hoje barraquinhas de yakisoba avizinham lojinhas de suvenires, e por ser uma região distante do mar, o prato regional sempre foi o yakisoba! Mas vale a viagem (se você é realmente fã) para saborear esse prato simples e gostoso.

Mas o yakisoba popular no Japão é o de sempre: aquele com um pouquinho de carne de porco e repolho – na verdade, a carne está quase como um tempero –, o importante é deixar os legumes crocantes e a massa tostada e firme, sem encharcar demais com o molho. Tudo isso depende de um fogo alto e uma boa frigideira antiaderente.

Outro segredo do bom yakisoba está na massa, que deve ser lavada depois de cozida al dente. O amido que está em sua volta acaba tornando-a grudenta e pesada, é esse detalhe que vai tornar seu yakisoba leve e solto!

Parece fácil, mas nada mais difícil que o simples!

Rendimento 2 porções

Ingredientes

2 porções de macarrão chinês fresco (120 g por pessoa)

200 g de repolho cortado em tiras

1 colher de sopa de banha de porco ou óleo vegetal, se preferir

100 g de carne de porco cortada em tiras

2 shiitakes frescos cortados em tirinhas

1 pimentão vermelho ou verde cortado em tirinhas

1/2 xícara de cebolinha verde picada bem fina

Gengibre vermelho em conserva, para acompanhar (benishyoga)

Gergelim para polvilhar

Observação No caso de não encontrar o macarrão chinês fresco, pode-se utilizar o já cozido (150 g por pessoa), ou o vendido seco (60 g), que deve ser cozido em água fervente al dente, esfriado imediatamente em água com gelo (o que impede o macarrão de ficar mole), escorrido e misturado com 1 colher de sopa de óleo de gergelim (para perfumar e evitar grudar).

Molho

2 colheres de molho inglês

1 colher de molho de soja

1 colher de ketchup

1 colher de sopa de açúcar

1 colher de molho de ostras

1/2 cebola picada

1 fatia de gengibre de 2 cm picado

1 dente de alho picado

1 colher de sopa de óleo

Frite a cebola picada no óleo até ficar quase caramelizada (mas não queimada). Junte o alho picado e a fatia de gengibre também picada, sem dourar, o suficiente para soltar os aromas. Coloque os molhos. Dê uma leve fervida para misturar bem os ingredientes, deixe esfriar e passe por uma peneira. Este molho pode ser feito em grande quantidade, o que melhora o gosto. Pode ser conservado na geladeira por 1 mês.

Se você tiver uma placa, o yakisoba feito sobre ela sai mais seco e saboroso, mas pode ser muito bem-feito também em uma simples frigideira ou um wok.

Coloque a banha e, logo que esquentar, ponha a carne e os legumes. Quando começar a murchar – mas deve continuar crocante –, retire e coloque o resto da banha. Salteie bem a massa (sem deixar grudar), até ela ficar levemente tostada. Adicione a carne e os legumes salteados, a cebolinha picada e, por último, o molho.

Mas não coloque todo o molho: vá experimentando o tempero (dependendo da massa e da umidade do repolho, a quantidade pode variar).

O yakisoba deve ficar com bastante molho, mas não deve ficar nem molhado nem ensopado. Se achar que ficou seco demais, junte um pouco de água quente (vá pingando), mas o macarrão não deve ficar mole. Bom apetite.

Receitas-base

Dashi (caldo-base japonês)

Rendimento 1,5 litro de caldo

Ingredientes

15 g de alga kombu

50 g de katsuo bushi (lascas de bonito seco)

2 litros de água

Limpe levemente a alga kombu com um pano seco (para retirar impurezas ou poeira) e coloque na água fria. Leve ao fogo médio e, antes de ferver, desligue o fogo (não deixe ferver, senão o caldo amarga e fica gosmento). Não tampe.

Coloque as lascas de peixe seco (katsuo bushi) no caldo de kombu e leve ao fogo. Quando começar a ferver, abaixe o fogo e deixe 5 minutos, sem deixar ferver (o caldo turva e o aroma se perde). Com uma escumadeira, retire a espuma que se forma na superfície.

Coe o caldo cuidadosamente sobre uma peneira com papel-toalha ou um pano fino. O caldo-base está pronto para quase todas as utilizações japonesas de base. Ele é melhor no dia, mas pode-se guardar na geladeira por 3 dias, ou congelar por 1 mês.

Missoshiru

Para uma boa sopa de missô caseira, para cada xícara de caldo-base (dashi), 1/2 colher de sopa de missô (pasta de soja e outros cereais fermentados), 20 g de tofu (queijo de soja) cortado em cubinhos e 1 colher de sopa de cebolinha cortada bem fininha em rodelas.

Sirva quente sem ferver a mistura (o missô perde o aroma, o sabor e suas propriedades nutritivas).

Molho-base japonês

Este molho serve para temperar quase todos os pratos japoneses. E serve de base para cozinhar tanto os legumes, quanto os peixes.

Rendimento 300 ml

Ingredientes

300 g de caldo-base (dashi)

30 ml de shoyu

30 ml de mirin

3 g de alga kombu

20 g de lascas de bonito

Leve todos os ingredientes ao fogo e deixe ferver em fogo baixo por 2 a 3 minutos. Depois de frio, coe a mistura. Pode-se usar para temperar sashimi ou sushi.

Vinagrete japonês básico (para temperar saladas japonesas)

Rendimento 300 ml

Ingredientes

150 g de caldo-base (dashi)
50 g de shoyu
50 g de mirin
100 g de vinagre de arroz
3 g de kombu
20 g de lascas de bonito

Coloque todos os ingredientes em uma panela e leve ao fogo. Desligue imediatamente quando começar a ferver. Coe depois de esfriar.

Molho teriyaki simples

Molho meio adocicado que serve tanto para peixes como carnes.

Rendimento 2 porções

Ingredientes

5 colheres de sopa de shoyu

1 colher de sopa de açúcar

3 colheres de sopa de mirin

Leve ao fogo até dissolver o açúcar e levantar a primeira fervura. Coloque sobre as carnes ou peixes, enquanto grelha ou assa, pincelando até ficar meio laqueado.

Arroz branco japonês

Rendimento 4 porções

Ingredientes

2 copos de arroz branco do tipo grão redondo (o copo medida de arroz japonês tem 180 ml)

420 ml de água

Lave bem o arroz até a água ficar transparente. Deixe descansar por 30 minutos em uma peneira. Coloque o arroz em uma panela de fundo grosso e, com uma tampa que feche bem (ou na máquina de arroz), cubra de água fria, tampe a panela e coloque para ferver em fogo forte. Quando a tampa levantar, abaixe o fogo e deixe cozinhar até secar a água (10 a 15 minutos). Desligue e coloque um pano de prato seco entre a tampa e o arroz (isso evita que caia água sobre o arroz). Deixe descansar por 10 minutos. Solte as beiradas e os fundos, misturando levemente o arroz.

Receitas doces

Anko (doce de feijão)

Dou aqui a receita dos três tipos-base do doce de feijão japonês: o liso, o com pedacinhos e o branco.

*** Koshi An (doce de feijão em purê liso)**

Aconselho fazer em grandes porções, pois dá muito trabalho e este doce conserva-se muito bem (1 mês em geladeira; 3 meses em congelador)

Rendimento 400 g de doce de feijão

Ingredientes

150 g de feijão do tipo azuki
150 g de açúcar
1 pitada de sal

Observações Se usar feijão azuki brasileiro, deixe o feijão de molho uma noite. Se usar o feijão japonês, depois de lavado, cubra-o com água fria e descarte os feijões que flutuam (normalmente estão bichados).

Leve ao fogo forte e logo que der a primeira fervida jogue todo o líquido fora. A primeira água contém impurezas e gosto amargo.

Cubra de novo o feijão com água fria e leve outra vez ao fogo para cozinhar (a quantidade de água deve ser de 3 a 4 vezes o volume do feijão).

Cozinhe tampado em fogo fraco por 40 minutos a 1 hora (vai depender da qualidade do feijão). Pode-se cozinhar em panela de pressão, mas cuidado para não cozinhar demais: eles devem estar macios, mas *não* quebrados.

Coloque sobre uma vasilha uma peneira bem fina de metal. Coe o feijão junto com o caldo e amasse com um pilão até esmagar totalmente os grãos e na peneira só sobrar a casca. Coloque mais 1 a 2 copos de água sobre a peneira para retirar bem toda polpa do feijão e só deixe realmente a casca na peneira.

Deixe a vasilha com o caldo e purê de feijão até o purê descer completamente ao fundo da vasilha de vidro. Retire a água da superfície e jogue fora. Coloque mais 1 a 2 copos de água e repita a operação (isso lava a farinha do feijão e suaviza o gosto do doce).

Passe por último todo o caldo e purê de feijão por um saco de pano (de preferência de algodão) e esprema bem, retirando todo o líquido o máximo possível.

Coloque o purê de feijão e o açúcar (150 g) em uma panela de fundo espesso ou antiaderente (senão gruda e queima). Leve ao fogo e mexa com uma colher de pau, fazendo movimentos de vai-e-vem dentro da panela, e não movimentos circulares (o doce perde o brilho). Não pare de mexer, pois pode queimar. Deixe em fogo fraco. Quando o purê estiver espesso e quase não cair da colher de pau, retire do fogo. Então, coloque uma boa pitada de sal (isso acentua o gosto do doce) e coloque o purê em uma assadeira forrada com filme plástico. Deixe esfriar. Depois de frio, coloque em um saco ou recipiente para não cristalizar a superfície. Está pronto para o uso.

*** Tsubu An (doce de feijão não-liso)**

Esta receita é mais fácil e muito gostosa. A diferença é que ela não é coada. É também conhecida como doce de feijão caseiro, exatamente porque é mais fácil de ser feita.

Rendimento 400 g

Ingredientes

150 g de feijão azuki

200 g de açúcar

10 g de glucose de cereal (pode ser Karo; ajuda a não cristalizar o doce e dá brilho)

pitada de sal

A receita segue a mesma que a anterior até a parte onde se cozinham os feijões. Quando eles estiverem macios (mas não quebrados), jogue fora o líquido onde se cozinhou e em uma vasilha misture os feijões com o açúcar e deixe descansar essa mistura por 5 a 6 horas (isso faz com que os feijões absorvam bem o açúcar). Leve a mistura ao fogo médio e cozinhe sem parar de mexer. Aos poucos se forma um purê de feijão espesso.

Quando a mistura engrossar, coloque o Karo (ou qualquer outro açúcar invertido) e a pitada de sal. Retire da panela e deixe esfriar em uma assadeira (quanto mais rápido esfriar, mais ele irá durar). Não deixe esfriando dentro da panela porque, como qualquer feijão, ele fermenta muito rápido. Guarde em recipiente com tampa para não formar uma casquinha.

*** Shiro An (doce de feijão branco)**

Este doce feito com feijões brancos é muito utilizado quando se quer misturar outros ingredientes (castanhas, nozes, ameixas), pois seu gosto neutro combina com qualquer coisa. Também é muito usado para se obter doce de feijão colorido, usando corante natural como chá verde, purê de frutas vermelhas, pasta de gergelim preto ou gema de ovo.

A maneira de fazer é a mesma que a primeira receita de Koshi An (não esquecendo de deixar os feijões brancos de molho por uma noite).

Mandju

Rendimento 20 unidades

Ingredientes

200 g de farinha de trigo

2 colheres de chá rasas de fermento químico em pó

150 g de açúcar

10 g de glucose (Karo)

80 ml de água quente (a 80 ºC)

400 g de anko (doce de feijão)

Divida o doce de feijão em 20 porções e forme bolinhas. Reserve coberto com filme. Misture a água quente com o açúcar e o Karo, até dissolver completamente. Misture com a farinha e o fermento (peneirados) e forme uma massa macia, mas que não grude nas mãos. Divida a massa em 20 porções e embrulhe cada porção com o doce de feijão. Pode-se enfeitar com flor de cerejeira salgada, ou alguma fruta seca.

Leve-a para cozinhar em panela de vapor (pode ser qualquer panela, basta colocar uma peneira ou escorredor sobre uma base). Coloque no fundo papel antiaderente e,

sobre o papel, os mandju. Eles crescem; logo, deixe um espaço entre eles.

O fogo deve ser forte para que o vapor seja constante. Coloque os mandju somente depois de já haver esquentado a panela por 10 minutos.

Uma boa variação desse mandju é o onsen mandju. Substitua metade do açúcar usado por açúcar mascavo escuro: fica muito bom!

Mochi

Rendimento 20 porções

Ingredientes

4 copos de arroz mochi (é um arroz mais rico em amido)

água

Lave o arroz e deixe de molho na água por uma noite. Leve o arroz para uma panela de vapor forrado com um pano de prato molhado. O arroz deve ficar em uma camada uniforme não muito espessa, sobre o pano. Ele deve ser cozido no vapor em fogo forte por 20 minutos. Depois desse tempo, molhe toda a superfície do arroz. Ele deve estar semicozido, quase transparente.

Volte ao fogo forte por mais 20 minutos, o arroz deve estar totalmente cozido. Retire o arroz do fogo e coloque-o em uma grande vasilha ou panela antiaderente (molhada, para não grudar). Amasse o arroz com um pilão de madeira grande ou, na falta deste, com um fundo de garrafa de sake grande (previamente molhado). O arroz deve ficar completamente amassado (sem grãos visíveis). A massa compacta deve ser molhada com um pouco de água de vez em quando (enquanto amassa) para dar uma consistência macia à massa (a quantidade de água vai depender da qualidade do arroz, ele não deve ficar muito mole). Esse processo deve ser rápido, pois o arroz endurece ao esfriar.

Deixe preparado um tabuleiro coberto com maisena ou fécula de batata peneirada. Coloque a massa de arroz sobre o tabuleiro e estique para ficar com, no máximo, 2 cm de altura. Polvilhe a superfície com maisena. Depois de frio, corte e embrulhe em filme plástico para não secar. A massa dura na geladeira e se congela muito bem.

A massa de arroz pode ser recheada com doce de feijão enquanto ainda morno, ou grelhada depois de frio e cortada em quadrados, para ser degustada com shoyu e nori, ou kinako, farinha de soja grelhada misturada com açúcar.

Glossário

Arroz-japonês: Tipo de arroz com grãos redondos e pequenos. Tem mais teor de amido que os do tipo ocidental. Hoje, no Brasil, encontram-se várias marcas importadas da Califórnia, do Uruguai e de alguns países da Europa.

Arroz-mochi: Arroz glutinado, com alto teor de amido, considerado arroz de festa no Japão. Cozido no vapor, fica sempre bastante grudado, ideal para doce.

Benishyoga: Gengibre marinado no vinagre de arroz, açúcar e corante vermelho. Muito popular como acompanhante para o yakisoba, onde serve de decoração no prato.

Curry: Mistura de especiarias originária da Índia. Chegou ao Japão através dos ingleses. No Japão, é facilmente encontrado nos supermercados: somente com menção picante, semipicante e doce, este último destinado às crianças.

Dashi: Caldo-base japonês; a base de toda a cozinha tradicional japonesa. Apesar de, mesmo no Japão, as donas-de-casa hoje preferirem o instantâneo, nada é comparável ao sabor e ao aroma do verdadeiro dashi. Composto por caldo de kombu com lascas de bonito seco, tem, além do sabor marinho, um leve gosto defumado. Hondashi é o nome de um caldo-base instantâneo fabricado pela Aji No Moto (marca alimentícia japonesa).

Eringue: Cogumelo cultivável, híbrido do shimeji com o matsutake. Apesar de não ter aroma nenhum, a textura lembra bastante a do matsutake.

Feijão-azuki: Feijão pequeno e vermelho, de onde se faz o anko, doce de feijão. Com grande teor de proteína, o azuki brasileiro é mais duro que o japonês. Por isso, aconselha-se deixar uma noite de molho antes de cozinhar.

Flocos-de-bonito: Katsuoubushi é o nome em japonês para os flocos-de-bonito. O bonito (peixe da família da cavalinha) é cortado em filé, cozido no vapor e defumado e desidratado até quase virar um pedaço de "madeira"; depois é ralado, virando flocos finos. O processo é demorado, o que explica o preço alto dos flocos-de-bonito, mas seu sabor e aroma são um dos mais delicados, que nenhum caldo instantâneo consegue se igualar.

Gari: Gengibre em conserva imprescindível para comer o sushi. O gari refresca a boca depois de cada sushi. Conservado no vinagre, ajuda na digestão; também é considerado antibactericida.

Glucose (açúcar invertido): Açúcar retirado de cereais (batata, milho ou arroz). Por não ser um açúcar direto, como a cana, é chamado de invertido. É muito usado nos doces japoneses, porque açucara menos e impede a cristalização do doce.

Goboh ou bardana: Vegetal de origem asiática, muito usado no Japão. É uma longa raiz fina e dura, com um sabor e perfume intenso de raiz. Para que não escureça, deve ser colocada de molho na água, logo após ser cortada.

Kabu: Espécie de rabanete branco japonês, doce e macio. Pode ser degustado cru, cozido ou grelhado.

Kinako: Farinha de soja torrada, feita a partir de grãos de soja madura. Seu sabor torrado lembra um pouco o da farinha de amêndoas, para a qual é um bom substituto. Para usar como uma farofinha doce, mistura-se a mesma quantidade de açúcar confeiteiro.

Kombu: Alga da família Giant Kelps, retirada no mar do norte do arquipélago japonês. Como diz o nome em inglês, chega a medir três metros. Secada naturalmente, é talvez um dos temperos de base mais usados na cozinha japonesa. Desidratada, é rica em aminoácidos, muito usada como base em caldos. É encontrada em lojas de alimentos japoneses, seca inteira e, às vezes, em pó.

Matcha: Chá verde em pó, essa bebida é fabricada com as folhas tenras dos brotos do arbusto do chá. Depois de levemente passadas no vapor, são secas e trituradas em moinho de pedra. Usado principalmente para a cerimônia do chá, hoje também é muito apreciado como componente de doces e pratos. O verdadeiro matcha não contém corante nem açúcar.

Matsutake: Cogumelo não-cultivável, também chamado de cogumelo-do-pinheiro, raro e com aroma inconfundível, chamado de trufa japonesa, apesar de ter a aparência do cogumelo Porcini.

Mirin: Espécie de vinho doce feito do arroz, usado apenas para a cozinha. No caso de não encontrá-lo, basta substituir a mesma medida por açúcar.

Missô (miso): Pasta de soja fermentada. O processo e os ingredientes são semelhantes ao shoyu, e a fermentação ocorre com os mesmos fungos Koji. A pasta é usada para temperar ou para consumo, como na sopa de missô.

Molho de ostras: Molho de origem chinesa, feito a partir de ostras, especiarias e legumes. De sabor intenso, cor escura e textura grossa, é muito utilizado para todos os pratos de origem chinesa.

Nira: Erva fina e cheirosa, da família do alho. É muito utilizado no Japão e na cozinha chinesa.

Nori: Alga da espécie *Porphyra*, é quase um musgo se comparada com a alga kombu. Depois de lavada, é colocada em esteirinhas de bambu e desidratada, transformando-se em estrela dos sushis temakis.

Pimenta-de-seichuang: Também chamada de sansho, ou pimenta-das-montanhas. Há a espécie japonesa e a chinesa. A japonesa, mais esverdeada, tem uma reação parecida com o nosso jambu, dando uma certa dormência ao paladar. Muito perfumada e um pouco picante, é agradável pelo seu perfume cítrico, que dá leveza aos pratos muito gordurosos, como a enguia ou o porco.

Sake: Fermentado de arroz, também chamado de vinho de arroz. Além de servir como bebida, o sake é, juntamente com o shoyu, o dashi e o missô, um dos quatro grandes ingredientes da cozinha japonesa, imprescindíveis na hora de cozinhar.

Shiitake: Cogumelo asiático, muito apreciado e popular. Facilmente cultivável em toras de árvores (onde se vaporizam os fungos), o shiitake fresco é carnudo e perfumado, enquanto o seco serve de excelente tempero.

Shimeji: Cogumelo cultivável com variações de cores, como a preta e a branca. Os japoneses apreciam-no, sobretudo, pelo seu sabor cheio de aminoácidos (umami).

Shiso: Folha da família da perilla, o shiso é uma das ervas japonesas mais conhecidas. Prefira a variedade verde, que é a mais perfumada.

Shoyu: Molho de soja. Um dos temperos mais antigos da Ásia, feito de soja cozida e amassada, sal e algum cereal cozido (como trigo ou cevada), tudo polvilhado com os fungos Koji, que existem naturalmente no território japonês. O shoyu é obtido a partir da fermentação natural, por três meses a um ano. Obviamente, hoje existem as versões rápidas, fabricadas em três dias. Prefira os shoyus sem caramelo, colorante e álcool.

Soba: Macarrão feito de farinha sarraceno; também é um termo usado para designar macarrão. Nas regiões montanhosas e frias, onde a colheita do arroz é difícil, a cultura do sarraceno garantiu a sobrevivência de vários povoados. Até hoje é bastante apreciado pelos japoneses. Existe também o udon, que é o macarrão feito apenas com farinha de trigo.

Soja-verde: Soja não-madura, ainda dentro da sua fava. Vendida em São Paulo como edamame (que quer dizer grão no galho), no Japão aparece na primavera, mas é vendida congelada durante o ano todo. Alguns segundos de fervura são o suficiente; elas devem ficar crocantes.

Tofu: Também chamado de queijo de soja. São os grãos de soja amarela (madura) que foram deixados uma noite de molho e transformados em pasta. Depois de cozido, é coado, obtendo-se o leite de soja e, com um coagulante natural (cloreto de magnésio, retirado da água do mar), é colocado em uma fôrma quadrada com furos, onde é prensado e esfriado, virando o tofu.

Vinagre-de-arroz: Vinagre feito de arroz, de acidez mais leve que o feito de uvas ou álcool. Para substituir o vinagre de arroz, misture de 1/3 a 1/2 de água no vinagre normal.

Wakame: Da família da alga marrom. Vendida desidratada em pacotinhos, basta colocar 20 minutos na água para ser usada em seguida. É macia e de cor verde intensa, muito popular dentro da sopa de missô e em saladas.

Índice de receitas

Sobremesas

Lanches

Receitas-base

Índice de artigos

Este livro foi composto com a fonte Quadraat e impresso pela gráfica

Cromosete em outubro de 2008, sobre papel chamois bulk dunas 90 g/m².